Heidelberg

Photos:
Rudolf Schuler
Friedemann Popp
Johannes Braus
Günter Braus

Text:
Dr. Richard Henk

English:
Harry B. Davis
Français:
Marie-Claude Engels

Publisher/Edition:
Brausdruck GmbH
Heidelberg

Copyright:
Brausdruck GmbH
Heidelberg, June/Juin 1980

Graphic conception/
Conception graphique:
ggmbh, Grafische Gestaltung
Müller, Braus & Co., Heidelberg

Photos:
Rudolf Schuler, Pages 20, 24, 25, 27, 28,
29, 34, 35, 40, 62, 64, 65, 68/69, 70, 85, 87,
88, 89, 92, 93, 94, 95, 96, 97
Friedemann Popp, Pages 17, 21, 22, 23,
27, 29, 30, 31, 40, 41, 42, 50, 52, 76, 90,
98/99, 100
Johannes Braus, Pages 28, 29, 37, 38, 39,
43, 44, 45, 46, 47, 49, 51, 63, 66, 67, 68, 74,
75, 86, 89, 91, 92, 94
Günter Braus, Pages 18/19, 26, 32/33, 36,
41, 48, 50, 61, 63, 71, 72/73, 74, 98
Thomas Hoch, Page 69
On the inside front and back covers is a
reproduction of an etching of Heidelberg
executed by the renowned artist Matthäus
Merian, in 1620
Les pages intérieures de couvertures sont
la reproduction d'une gravure exécutée par
Matthäus Merian en 1620

Produced by/Imprimé par:
Brausdruck GmbH Heidelberg

Fourth printing July 1988
4e impression Julliet 1988
ISBN 3-921524-47-4

Heidelberg

A walk through the city

The visitor who again sees Heidelberg after a long absence expects something other than what he finds; he is surprised, at least at first. How can it be that so little has changed? A prime reason is that Heidelberg was spared by the Americans in World War II. And they did so, we are told, because they loved the city. In fact, only the bridges and the freight yards were hit, in the last days of the war. The center sections of the bridges were blown up by the Germans themselves, before the German troops pulled out of the city – a gesture in the direction of Hitler's "scorched earth" policy. Even the Old Bridge, scarcely of value for transport purpose, suffered this fate. But, fortunately, this destruction was quickly put to rights.

Our focus here will exclude the residential areas on the Rhine plain to the west and south and remain with the Old City between the mountains, along the Neckar. Traffic has increased here immensely, and a great deal of ingenuity has been brought to bear to cope here and yet retain the contours and atmosphere of the old university town. The crowds in the Hauptstrasse are denser now (see the photo on p. 37). German university towns were always lively, but Heidelberg has had to accommodate not only a swelling student population but also vastly increased tourism. This added to a population that has reached some 120 000.

A signal change is the conversion of the Hauptstrasse (Main Street) into a pedestrian zone. Where once clanging streetcars sailed along – and cars and motorcycles – there are now throngs of people, and, in the summer, tables set out where strolling sightseers can sit down for a drink or a meal and observe the passing panorama. Some Heidelbergers miss the old vehicle traffic through the street, but others enjoy this new leisurely atmosphere in which they no longer have to leap out of the path of streetcars to save their skin, and the relative quiet that followed the removal of vehicle traffic. Crossing the Hauptstrasse is no longer the adventure it once was. The shopper can zig-zag between shops and window displays at his leisure. Admittedly there is more singing here in the evening, and so, in

a sense, more noise. But that may disappear with time, as did the student demonstrations that not long ago pressed through the narrow Hauptstrasse.

Gemütlichkeit – that all but untranslatable German term (cozy, congenial, don't quite hit it on the head) – is still to be found in small inns in the Old City whose appearance has scarcely changed.

Anyone who seeks the Heidelberg of memory should climb the slopes above the city, it doesn't matter on which side. A stroll along the Neckar also yields the familiar. The fleet of Neckar boats has grown now, and at the Marstall (see the photo on p. 74), once a magazine for arms and munitions, later the stables of the rulers, boats from Holland are frequently moored. The rapids at the Hackteufel, beyond the Old Bridge, are as treacherous as ever, and the audacious paddler is warned of them by signs just as the swimmer was in earlier times. A stroll along the Neckar should begin after 9, when the traffic has largely died down. The visitor then has the Old City pretty much to himself.

A former eyesore here has been eradicated – the ruins of the former mill that served the Heidelberg court (the Herrenmühle), situated beyond the Neckarmünzplatz (short of Karl's Gate). Here a complex of apartments has been erected which blends well with the older architecture of the city – even with the old pattern of roofs when viewed from above (see the photo on p. 74). All that is missing is the patina of time, which time itself will one day supply.

A walk along Philosophers' Way is still a must. Here the visit finds the picture postcard view of the Old City, but come to life as no photo can capture it. The narrow, steep roofs swing up toward the Castle bluff. The Church of the Holy Ghost, the Market Square with its Hercules Fountain and the Rathaus stand out as points of orientation. You can look directly down into Steingasse (Stone Lane, named at a time when a stone surface was a boast) leading up from the Old Bridge (see the photo on p. 27). An old tradition is continued today by which this street elects its own Bürgermeister.

5

The Old Bridge has lost none of its majesty. The tiny irregularities in its sweep across the river merely add to its charm. The almond blooms are still at home on Philosophers' Way, as are many other flora. A blessing that cars are still not permitted on Philosophers' Way; it has to be walked. As for the climb up to it, it is well repaid.

It is fitting that a memorial to the poet Friedrich Hölderlin was erected here. His verses are among the most beautiful and pertinent that have ever been written about the city.

The view from Philosophers' Way reveals the full expanse of the Old City. The castle is impressive from here too, and if the visitor is lucky enough to have sun, he will have an unsurpassed view into the narrow lanes of the city (see the photo on p. 20). And if it happens to be spring, he is in luck: nothing can go wrong. A trace of smoke from the railway tunnel within the Königstuhl (the mountain above the castle) recalls that the Italian workers in the tunnels brought the first tomatoes to Heidelberg and planted them on the west slopes near the tunnel exit.

Descent from Philosophers' Way can be made via the Schlangenpfad (named for the serpentine course it follows), which issues near the Old Bridge.

An entirely different view of the city can be had from the Molkenkur, a restaurant above the castle, accessible by car or the cog railway (Bergbahn). From this side the castle is in the foreground. In fact, you look directly down into it, down into the courtyard, flanked by its mighty wings, built in different centuries, not least of which is the beautiful Renaissance Ottheinrichbau, built by Elector-Prince Otto-Heinrich. The small stairwell-tower against that wing is better seen from here than from the courtyard itself, where it tends to disappear in the shadow of the huge Bell Tower (Glockenturm). Even the chimney of the old castle kitchen stands out from here. It is a marvel that it survived the cannonades of the French troops who destroyed much of the city at the end of the 17th century.

From this height the city appears more crowded together, and yet the open squares seem astonishingly large. The river is smaller from here, but one has an excellent view of the green slopes of the Odenwald (the forested mountain range extending eastward and northward from the city). Also visible are the vineyards that yield "Heidelberger Sonnenseite".

The Molkenkur is the second station on the Bergbahn, the first being the castle, the third, the summit of the Königstuhl (King's Throne). Many parents take their children to this top station and the "Children's Paradise" (Kinderparadies) situated there, with its fairytale structures and games. Southward beyond the summit of the Königstuhl is the Kohlhof Sanatorium and not far from the summit is an observatory where work by Max Wolf made scientific history.

The Molkenkur is an excellent vantage point from which to enjoy the Castle Illuminations held in the summer, a fact that even many Heidelbergers do not know. Castle and bridge seem to simmer, the rockets throw their full light on both and dazzle the viewers. One doesn't get the full effect of the explosions, but a better view can be had of the many boats on the river, lighted by colored lanterns. Oddly enough, the singing from below can be heard exceptionally well here.

Most visitors here for the Castle Illuminations, however, are to be found on the other side of the river – on the grassy north bank or on Philosophers' Way. There one can smell the smoke and occasionally feel the settling dust from the colored rockets. The Castle Illuminations attract visitors from all over the world (see the photo on p. 52).

No, the decades have wrung few changes on Heidelberg. Some streets are wider. Underground garages have been constructed. But all in all, the Old City is unchanged.

The Hotel Ritter, opposite the Church of the Holy Ghost is seen to its best advantage at night. With its ornate Renaissance facade, the Ritter is one of the few structures to have emerged unscathed from the destruction by the French. Not far away is the Kornmarkt

(Grain Market) with its statue of the Madonna, well worth a visit. And from here the castle appears particularly impressive, especially at night when a soft yellow light plays on its facades. The terrace of the castle seems a mere stone's throw away though in fact it is a bit farther.

A central feature of Heidelberg is the university. On the New University Building (on University Square), then Professor Friedrich Gundolf placed the inscription, "To the Living Spirit" (Dem lebendigen Geist – see the photo on p. 63). Pallas Athena was for him and others a figure of reverence. It disturbed no one that this new university building was built right next to the venerable baroque building that had long been the heart of the university. Constructed with funds donated by Americans in the 1930s, the building provided much needed auditorium space. Since then the university has spread throughout the city, much of it across the river and westwards to the so-called Neuenheimer Feld. Here in particular are many of the medical institutes for which Heidelberg is famous.

The city is in many respects baroque, most of its chief buildings having been erected in the early 1700s, after the destruction of the city by the French. These baroque structures have survived well, helped along by expert restoration. A good example of this is the Jesuit Church. The Old City has experienced next to no modernization. Its maze of narrow lanes has been preserved.

Probably no other German city has so many Italian establishments. Not only did the Italians help build Heidelberg's tunnels and its newer settlements and bring influence to bear on the fruit and vegetable trade, they also laid the stones for the pedestrian zone in the Hauptstrasse. Their work in these manual trades is highly prized. But Italian ice cream parlors also enjoy a good reputation.

Heidelberg has a considerable American population. The Headquarters of the U. S. Army in Europe is here, and in addition to the many military families who live in German housing, there are two American housing areas. One, called Mark Twain Village, is situated on Roemerstrasse extending southward from the city center. It is so named because of the association of Twain with Heidelberg (cf. his book "A Tramp Abroad"). The other area is a complete settlement out near the Autobahn, called Patrick Henry Village. Despite this, one sees few uniformed soldiers in the city.

Because of its location in the confines of the Neckar Valley, Heidelberg has a traffic problem, which every visitor who drives here will no doubt feel. The city fathers are grappling with the problem, and have made considerable improvements, but the traffic continues to swell. There is talk of building bypass roads.

Fortunately, none of this can have any effect on the castle, which will stand as it is no matter what. We will have more to say of this residence of the Elector-Princes later.

Heidelberg has remained essentially true to itself. New construction in the Old City has largely been carried out in the older style. Happily, there is still room for expansion in baroque Heidelberg. The Jesuits tended to plan and build generously – though the university may have got the short end of the stick.

A visitor to Heidelberg needs to get off on the right foot, and to take his time. Prowl around the squares, study the excellent view of the castle from Karlsplatz. Linger at the Church of the Holy Ghost, with its stalls, throngs of tourists, and people who simply stop for a chat. In the inns of the Old City – where, incidentally, you can get a decent meal – students still play piano in exchange for lunch or supper, or both.

Industry has not encroached on the city. It continues to be relegated to the suburbs. The dredges, ferries and tugs bring life and bustle to the Neckar. The city center has remained precisely that. Even the Stadthalle (the city concert hall, on the Neckar) has been left alone, although it dates as recently as the Jugendstil (art nouveau) period. It was recently renovated, by the way, and apparently with success, particularly the interior.

Walking about at night in the narrow lanes of the Old City you can often hear your own footfalls. Occasionally you bump into a group of revelers. Older visitors may reflect on their youth, for the recesses and corners of the old walls provide a perfect retreat for young men and their girlfriends. Of the romance of the Old City nothing has changed. It has remained as it was in the last century.

Some visitors may want to take a look at the Neuenheimer Feld, mentioned earlier. Veterans of this huge area are the Surgical Clinic and the Max Planck Institute, which, by the way, has provided Heidelberg with most of its Nobel Prize laureates. Many more modern structures have been added – most of them institutes – in very contemporary architectural style (see the photo on p. 69). The many lights here during hours of darkness attest to the long hours of work. Famous names will no doubt emerge from these new institutes also.

St. Vitus Church in Handschuhsheim is in a class by itself (see the photo on p. 87). The settlement with its village church was incorporated into Heidelberg quite late; the Handschuhsheimers have their own pride, their own festivals even. It is as if the settlement was made part of Heidelberg by force. The Handschuhsheimers are of smaller stature, a darker type. The settlement – due north of the city center, beyond the suburb known as Neuenheim – received its name long before Heidelberg. Farms were said to be found here as early as the Merovingian period (500–751). Later it became a Carolingian (the Frankish dynasty succeeding the Merovingian, which reached its height with Charlemagne) settlement, as was St. Michael's Basilica on the Heiligenberg, the summit on the north bank of the Neckar overlooking Heidelberg. This basilica was a favorite spot of Emperor Konrad I.

Mention of St. Vitus Church is to be found in the archives as early as the 8th century. The tower has early romanesque features, as does the vestry. The later construction of the church was strongly influenced by the original style, resulting in mixture of architectural styles seldom found. St. Vitus is also a church of crypts, pointing to the ruling line here which was vanquished in

a struggle with the rulers of Hirschhorn. They bequeathed to Handschuhsheim a moated fortress, the Tiefburg (see the photo on p. 87), in the center of the village. Traffic today is routed around this fortress, which at "Kerwe" (anniversary of the church dedication) is an important meeting place for village residents. In the eyes of Handschuhsheimers, other Heidelbergers are rather latecomers to the historical scene and also could learn something from them about growing fruit and vegetables.

But we return to the Heidelberg of earlier centuries. The town was the capital of the so-called Palatinate and thus was the residence of the Count Palatine (Pfalzgraf), who, when the Palatinate was accorded one of the seven votes that elected the Holy Roman Emperor, was elevated to Elector-Prince (Kurfürst). The old Counts Palatine took little notice of the charms of the local countryside when they built their residence on the Jettenbühl, the bluff overlooking the settlement of Heidelberg. For them the site was militarily advantageous. The Neckar formed a natural defense against attack from the north; assaults from the east and west could be warded off in the valley. A smaller fortress with moat was erected on the "Little Gaisberg" above the larger fortress to defend against incursion from that quarter. As the power of the Counts Palatine grew, so did their fortress-castle and its defenses. Under Elector-Prince Rupprecht, the first gothic motif appeared in the form of an angel relief. The fortress gradually was transformed into a festive residence, into a seat worthy of an Elector-Prince, into a fortified castle.

The town at its feet participated in this growth of power, but also in its consequences: In 1689 and 1693 the town was almost entirely destroyed by the French. Heidelberg was protected behind mighty city walls and gates; a considerable section of the defensive wall along the Neckar was formed by the Marstall, the arms and munitions magazine – later the stables – of the Elector-Princes (see the photo on p. 74). Flanking towers secured the entrance at the bridge. Monasteries and convents were located within the walls; the convent of the Carmelites is still to be seen on the pictures of the Romantic painters who would later reside and work here. The university – originally a tiny school – also began to grow. Out of the settlement which the Counts Palatine had received as a fief from the Bishopric of Worms there developed a true medieval city.

Elector-Prince Ruprecht could not have guessed the far-reaching ramifications for the city and the Palatinate when in 1386 he founded the university. For him – as for the Kings of Bohemia and the Habsburgs – a university served to enhance the prestige of the ruling line, and also – the French example was proof enough – to settle important religious questions. But the founding was also a sign of his loyalty to the old Empire and to the Roman Popes, who were hard pressed by the second Papal seat in Avignon. He was richly rewarded for his stance by Rome: Heidelberg University soon was accorded the same rights as the venerable university in Paris. The religious crisis proceeding from the Schism resulted in the influx into Heidelberg of many students and masters. Nor did the university have reason to complain of a shortage of students in later years. As a center of the Reformed Church its reputation spread widely in Europe. The Heidelberg Catechism found wide acceptance on the Continent. The Elector-Princes were instrumental – not only in their own lands – in spreading the Reformation, and managed to force the Habsburgs to moderation in religious questions.

None of the many wars, neither the Thirty Years War nor the War of the Palatine Succession – or the frequent fires from which not even the castle was spared – were able to obliterate the forming influence of the Electors on the city and its surroundings. City walls and many gates have long since disappeared – only Karlstor (Karl's Gate), erected by Elector Karl Theodor, stands solitary at the eastern entrance to the city. Of the medieval residences, only the Zum Ritter remains – of gothic churches, only the Church of the Holy Ghost and, in Handschuhsheim, St. Vitus.

The facades of the castle still stand as magnificent as ever, despite the absence of most of their roofs and despite the smoke-blackened holes that were once windows, through which the blue sky can be seen. The facades of royal decor are protected by meter-thick defensive walls that the military skill of French engineers could merely break through but not destroy. The skillfully set foundation walls extend down as far as 25 meters.

The history of the Holy Roman Empire was partly made from up here. Many a German king owed his title solely to the vote of the ruling Elector-Prince, who during interregnums had regency over German lands.

No power was able to drive the Elector-Princes from their castle for any length of time, neither the French kings nor the German kings, not even force of arms. Their eventual departure for Mannheim came about because of personal reasons – building plans that could not be realized, as well as the dispute with city authorities over the Church of the Holy Ghost.

The opponents of the Elector-Princes were unfailingly major powers, never mere knights feuding. Whoever moved against them would surely have as adversary at least half of the Empire. Only Friedrich V lost this support, when he left the Palatinate to become King of Bohemia (the "Winter King"). After him the might of the Elector-Princes of the Palatinate declined, and the viceregency passed to Bavaria.

Seldom are the currents of history so perceptible as they are in the Heidelberg castle. The building lines drop into the depths, then forward; none of its structures are of the same height. In front of the upright of the buttresses, extending downward from Karl's Redoubt, are access-ways, roofed-over or protected by walls. The surfaces are similarly varied – flat masonry next to Renaissance ornament, baroque leaf-work next to late gothic tracery. The massive gothic flanking towers, seen from the valley, give the impression of something that has grown, of being organically joined. Forces of successive ages have worked on the walls. The Elector-Princes left the already existing stand and filled in what was lacking – what was destroyed or fallen in, they rebuilt anew to their taste, or, like the wine cellars, inserted. In contrast to a fortress, single features here emerge as rounded-out monuments of their age, and remain nevertheless links in a long chain extending out of the past or into the future (see the photo on p. 32).

General Mélac burned the city but could not destroy its character. To the citizens who took refuge during the burning in the Church of the Holy Ghost, the appearance of their town was too precious to admit of any change. Thus new buildings arose on the foundations of the old, and these new structures soon acquired the patina of age. The lanes followed their old course – the Market Square, the Fish Market and the Hay Market (Heumarkt). A number of baroque patrician houses and churches was added. What is now the Old Bridge arose to take the place of former bridges on this site. Elector-Prince Karl Theodor could now see from the castle terrace (Schlossaltan) a city of lanes and roofs not unlike that which his predecessors saw. The city limits had meanwhile been extended westward – from the Grabengasse (at University Square) down to what is now Bismarckplatz, where the then Mannheimertor (Mannheim Gate) stood.

During Goethe's stay in Heidelberg he made almost daily visits to the castle and its grounds. He sought here not only the remnants of the past but the lively present as well. For here he met with Marianne von Willemer, whose verses attest to these encounters. Poets, musicians and painters of the Romantic period now came to Heidelberg. They found here precisely what they sought: history amid a charming landscape, ruins from an impressive past, and a spirit informed by the centuries-old tradition of the university.

At that time the right bank of the Neckar was almost uninhabited. Victor Hugo said of the Neckar that it was "a cross between a river and a mountain stream". On old etchings can be seen the rapids that form about rock formations jutting out into the currents, and about the river islands. Neuenheim (the section of the city on the north side of the Theodor Heuss Bridge) was then less a settlement than a hamlet. The Neckar was not channeled as it is now and flowed freely from its valley out into the Rhine Plain. Königstuhl, Gaisberg and Heiligenberg were wooded well down into the bed of the valley. Reality and enchantment were more closely wedded in the Neckar Valley then as church spires gradually rose up out of the mist, or when the dawn merged the contours of the mountains, the houses and the river.

It was a landscape well suited to meditative contemplation and so quickly found favor with the Romantic artists. It seemed that here one could reach out and grasp the past. The nights had a reverie-like, southern quality, the valley almost made for dreamy painters. But what a change in outlook had come about! For Goethe the castle had a solemn, fateful quality. But the Romantic poet Eichendorff saw it with totally different eyes. Little concerned with the destructiveness of history, he wrote in his diary after his first visit to the old residence: ". . . Ancient tower, half torn away and fallen, so that one could see into the chambers. Magnificent, heavenly."

The Romantics laid the cornerstone of Heidelberg's worldwide fame. The first volumes were published here of "Des Knaben Wunderhorn" (The Lad's Magic Horn), the collection of folk poems by Clemens Brentano and Achim von Arnim that became a milestone of the German Romantic movement. Here the composer Carl Maria von Weber began "Der Freischütz" (The Marksman). And here, Romantic painters brought their landscapes to canvas – Carl Philipp Fohr, Ernst Fries, Georg Philipp Schmitt, and Karl Rottmann. It was in Heidelberg that Robert Schumann decided on a musical career. And later figures as well were inspired by the Neckar City – Brahms, the poet, and playwright Friedrich Hebbel, and Heidelberg's poet and novelist Victor von Scheffel.

The renewal of the university by Karl Friedrich of Baden in 1803 led to a new flowering of the ancient school, and a long line of famous professors: from

Creuzer, Gervinus, Daub, Voss, Hufeland and Thibaut, to Helmholtz, Bunsen Kuno Fischer, and then Max Weber, Gundolf, Krehl, Alfred Weber und Karl Jaspers in the present century. Each of these men added to the stature of the university, which today draws thousands of students to Heidelberg each year.

Many prominent figures worked in the shadow of the university without belonging to its ranks. The contribution of some of them to the culture of the city was greater than that of many professors. The brothers Boisserée brought together on the Karlsplatz a collection of paintings that re-awoke Goethe's interest in medieval art. Unfortunately, the pictures were later transferred to the Pinakothek in Munich. Using his private fortune, Charles Count of Graimberg rescued the castle from plundering by collectors and scavengers alike. His own paintings became the nucleus of the collection of Heidelberg's Kurpfälzisches Museum. At the end of the list of prominent names – too long to be mentioned here – stands Richard Benz, Heidelberg's most significant historian of culture and author of a book about the city.

"I can tell you nothing of Heidelberg, except that the almond trees are in bloom." The poet Hebbel no doubt encountered these harbingers of spring on Philosophers' Way. Visibility must have been poor that day, and the city and valley shrouded in mist, otherwise Hebbel would have described the magnificent view from that vantage point, extending from the Marstall to the Old Bridge and over the Church of the Holy Ghost to the castle. The poet surely would have stopped at the site, where today the Liselotte Stone stands, farther upriver, and marveled at this view.

There is no more beautiful or impressive view of the Neckar Valley than the one from here. To the west the river disappears in the haze of the Rhine Plain. Not only the town skyline but also the city limits can be traced out from here: The sea of roofs of the Old City presses together ever more as it rises toward the castle, broken only be churches and squares. To the east the valley opens out as far as the river-bend at Ziegelhausen. In the distance, on the left, one sees the long sandstone walls and the church of the Neuburg Abbey. It was a good choice, this site of a memorial to Liselotte, the homesick daughter of Elector-Prince Karl Ludwig, married off to the brother of the Sun King in far-away France.

The other bridges and the locks, as well as the swift-moving barges, have long been part and parcel of the local scenery. For the visitor of today, several new features have been added. Near the roofs of St. Anna's Church, the metal surfaces of cars gleam in the sunlight. At another point one sees the high-rise garage of a department store. And in the west, high-rise residential buildings jut up into the early morning haze. Between them there persist from another world the pointed towers of St. Boniface and Christ Church.

Anyone who has limited time at his disposal should continue on Philosophers' Way as far as the Hirschgasse. In so doing he follows one of the loveliest high trails in southern Germany, and one which inspired the poets Hölderlin and Eichendorff to their noblest verses. The continuation of Philosophers' Way down into the Nekkar Valley is one of the most charming walks of the entire area. Occasional glades in the forest permit glimpses of the valley and river. At the level of "Am Guckkasten", where a Palatine watchtower once stood, there is a surprisingly spacious view to the grounds of Neuburg Abbey.

Spring in Heidelberg? Thousands stream from the Bergstrasse (the highway running northward along the Odenwald to Darmstadt) to the festival of blossoms in the city, to Philosophers' Way, to the tower on the Heiligenberg or to the blooming slopes above Handschuhsheim and Ziegelhausen. Others travel by steamer up the Neckar and enjoy the blossoming trees on both banks. The air during these days is velvet soft and yet it prickles the skin. It is a time for poets, a time for love.

The awakening of spring does not pass in Heidelberg without celebration. Children of the city hold a summerday parade and sing "Schtri, schtra, schtroh" in the streets, most of them clad in spring clothing, while people in other parts of the country are wrapped up against the cold. Floats made of straw (the "Stroh" of the jingle mentioned above) and pine branches signal the change of seasons. The children carry pretzels on a stick, and when they munch them at the end of the parade, it is a sure sign that spring has arrived.

A favorite outing of Heidelbergers at this time is to the huge grove of rhododendrons near the log house on the path leading to the Königstuhl, or to the Schloss-wolfsbrunnenweg (the road running above and beyond the castle eastward), whose valley side, beyond Haus-ackerweg, is covered with blossoming magnolias, azaleas and other exotic flora. On the promenades along the Neckar and on the town squares, the chestnut trees are covered with fluffy reddish buds, which will soon be transformed into brilliant white or red.

The visitor's first view of Heidelberg these days does not suggest the quiet university town he may be expecting. Wide access roads from all directions lead to the city center. The suburbs are strewn with large high-rise buildings. The daring concrete construction of the Railway Station makes it one of the most modern in Germany. The street leading from it to the city center, the Kur-fürsten-Anlage, is generously lined with park-like promenades.

On reaching the Old City, he will find it comparatively narrow. And that is not bad. For Heidelberg should be seen, studied, on foot. To get to know the city you have to wander through its tiny lanes. Anyone who has never seen the castle from Kornmarkt, the Old Bridge from the eastern locks, the entire city from Philosophers' Way – or never celebrated and sung in an old Weinstu-be (wine inn) – has missed the essence of the city. One thinks of Goethe's tribute:
"To see Heidelberg again must be wonderful,
Just thinking of it puts me in a singular frame of mind."

We follow in the footsteps of the poet and those who came after him: from the right bank of the Neckar over the Old Bridge to the Old City. Just a few meters short of the northern end of the bridge is a baroque statue of the saint of bridges, St. Nepomuk, which stems from the time of Elector-Prince Karl Philipp. The bridge itself, built by Elector Karl Theodor, rests on mighty piles, on whose necessity even Goethe commented. Strange as it may sound, these piles make the beauty of the bridge possible, particularly the distinctive, high arch that lends a soaring but restful quality. It is a fact that the farther one is from the bridge, the more slender and graceful it appears (see photo on p. 23). Both the daring and the sureness of accommodation to the surroundings greatly impressed Goethe, who saw the bridge just a few years after its construction and had ample opportunity for repeated crossings. He particularly liked the aspect that presented itself to the east: "From here the bridge displays a beauty that possibly surpasses any other bridge in the world."

It cannot be doubted that from the east the bridge is the dominant element of the Neckar landscape. It seems to encompass the breadth of the great plain beyond. But an argument can easily be made for the superiority of the view of the bridge from the west. From here it forms an intrinsic element of both landscape and city, of which it is the eastern terminus. The line of the mountains curves down to the bridge – beyond, it soars above it – without disturbing the noble outline of the bridge.

There have always been artists in the vicinity of the bridge, with their easels, and beneath, fishermen, both groups drawing spectators.

On the western balustrade is found the statue of Pallas Athena, which has become a symbol of the new university as well as that of the bridge patron: Elector-Prince Karl Theodor.

The gate towers of the bridge form the most beautiful entrance to the Old City – with their baroque helmets. Palatine soldiers not only guarded the entrance here: In the dungeons of the defensive walls there were always tramps and various derelicts imprisoned.

At the right of the entrance to Steingasse stands the renowned inn Zum Goldenen Hecht (To the Golden Pike – the fish, that is), where both Goethe and Clemens Brentano were guests and to which the poet Jean Paul paid tribute. Steingasse leads directly to the most significant church of the city, the Church of the Holy Ghost, which dominates the city skyline. Begun in 1400, this gothic church was not only the focal point of religious activity; it was also a center for the university. In the gallery of the side aisles, which in defiance of the building rules of the time were kept wider than the nave, was found the famous Palatine Library. After General Tilly subdued the city in 1622, he confiscated the collection and presented it as a gift to the Pope. For nearly 300 years the crypt of the Church of the Holy Ghost held the remains of the Elector-Princes of the Palatinate. Only the lid of the coffin of King Ruprecht and his wife Elisabeth of Hohenzollern escaped the destruction by the French in 1693.

With southern casualness, tiny shops and workshops are set into the outer walls of the church between the buttresses. They are nearly as old as the church itself. Already in the 15th century they were sold in part to the city. For students the second-hand book stalls constitute a treasure of literature. But collectors have also found occasional first editions of German classics here at little cost.

Between the Church of the Holy Ghost and the Rathaus lies the Market Square. A rotatable pillory was once situated here. The victim not only had to contend with the shame and abuse he was subjected to; he also had to expect to be spun around by passers-by.

The breadth of the other large city squares is due to their later origin. On Karlsplatz there once stood a Franciscan monastery, on University Square, an Augustinian monastery. This latter housed the first masters and students of the newly established university, and was later the scene of a disputation led by Martin Luther. On route to Karlstor (Karl's Gate), one sees patrician homes on either side of the street. On the south side of Karlsplatz is to be seen the facade of Palais von Wrede, now the Academy of Sciences (see photo on p. 63). On the north side is one of the former Sickinger residences which, in Goethe's time, housed the art collection of the Brothers Boisserée.

Farther eastward on the Hauptstrasse is Haus Buhl, whose stairway extends out into the street and demands a certain reverence from passing drivers.

The most significant profane construction of the city is the Hotel Zum Ritter, opposite the Church of the Holy Ghost (see photo on p. 338). This unique German facade construction of the late Renaissance, formerly the residence of a Huguenot merchant, Charles Bélier, was fortunate enough to escape the destruction of the city by the French. The Wormser Hof (at the movie house Harmonie) similarly survived this disaster.

Baroque Heidelberg is to be found in the so-called Jesuit Quarter. The buildings of this order maintain ascetic lines in keeping with its spiritual attitude. Only in the facade of the Jesuit Church is a more lively, southern style to be seen (see the photo on p. 50). The quarter extends across the Seminarstrasse to the Seminarium Carolinum, though the seat of the order was previously in the large baroque house near the Klingentor. To the west, a more flowing baroque style is to be found in the Old University building – Domus Wilhelmiana, which rests on the foundations of earlier educational institutions. A popular tourist attraction is the old Student Prison, in the rear of this building, with its unusual wall paintings. Beyond the New University building, in a courtyard, is the Hexenturm (Witches' Tower), one of the few remnants of the gothic defensive constructions of the city.

On the way to the Bismarckplatz are a number of sights well worth stopping for, such as the Palais Morass, which now houses the City Museum (Kurpfälzisches Museum); and the so-called Zum Riese (Giant's House), once occupied by General von Venningen. (Well worth the few pfennigs it costs is the leaflet available from the Tourist Office "Heidelberg: A Walking Tour of the Old City"; plaques on the various structures are keyed by numbers to the city map in the leaflet.) Not to be missed in the museum is the Twelve Apostles Altar by Tilman Riemenschneider (see the photo on p. 46). The garden restaurant-café in the courtyard of the museum is a good spot to stop for a glass of wine.

The Old City should be seen as a whole. But individual details are full of surprises: Here and there one sees house-Madonnas (see photo on p. 40); beneath plaster, some baroque or classical ornament, coats of arms, picturesque courtyards, and lovely wrought-iron gates that extend out onto the narrow pavements. In niches one finds many memorial stones and signs in honor of academics, poets and painters. Together they constitute a not inconsiderable measure of German intellectual and cultural history.

Famous persons were born in some of the narrow lanes of the Old City: in the Pfaffengasse, Friedrich Ebert, the first president of the Weimar Republic; in the Augustinergasse, the folk poet Karl Gottlieb Nadler.

The Genoese palace of the architect Rischer, built in 1711 (later the fencing house of the university), in Unterer Strasse, which even Heidelbergers scarcely know, stands out from the grayness of the neighborhood, ghostly like a palazzo in the lanes of Genoa. Clothing alone distinguishes today's tippler from his medieval predecessor, who, like him, hurries home, happy, singing, through the narrow streets.

The castle, bathed in yellow light, whether over the Kornmarkt or Karlsplatz, looms dominant above the city.

How splendidly the castle and the Old Bridge complement each other: below, the narrow, almost rustic span over the river; above, the famous, vast edifice, a show-piece of valiance and princely pride. The castle can be reached both by roads and paths. The earlier in the morning one ascends, the better and the more enjoyable the experience of encounter. The shortest way up is the Kurze Buckel, which leads up through towering rocky prepices. Above and to the left of the visitor is the mighty west wall of the castle, a part of the former artillery park, which not even the French could destroy – though they managed to drop half of the "Fat Tower" down into the valley. The main entrance is a bit patched together and formerly was more presentable. But

take a closer look: The small portal to the left leads into nothingness; through it servants had access to the interior, even in critical times – if they were on good terms with the guards.

The former artillery park now spreads out before the visitor. Once it was fitted with artillery of all calibres, an effective castle defense toward the open west flank. Elector-Prince Friedrich V, the "Winter King", later made a pleasure garden of it for his wife, Princess Elizabeth of England. As a gift to her he had an ornamented, free-standing gate erected. Legend has it that it was built in 24 hours, and there are signs that hasty construction methods were used (see photo on p. 97).

The famous Hortus Palatinus – Palatine Gardens – once called the eighth wonder of the world, was also executed under this Elector-Prince. Some of the terracing is still to be seen in the eastern part of the grounds, though nothing is left of the exotic flora. Friedrich V had to pay dearly for accepting the Bohemian crown and leaving Heidelberg. He lost not only Bohemia but also the electoral dignity. As the Thirty Years' War raged he wandered about the continent, sometimes in the Palatinate, sometimes on the Rhine – sick, dishonored – not even his remains were given a worthy burial. But his progeny again took possession of the castle and the city; the individual counts little in the sweep of history.

Not only the famous gardens of Friedrich V have disappeared – his own palace, the English Wing, once a high-point of the Renaissance in Heidelberg and the highest construction of the castle, was gutted by the French. Not a windowframe remained. But here too, as with Elizabeth's Gate, a too hasty construction practice is evident. The facade seen from the city is little articulated, and the lower sections seem to be marked by an English severity; the gothic entrance from the courtyard was left standing and incorporated into the new structure. This proud prince acted hastily throughout his life – also in his decision to accept the crown of strife-torn Bohemia.

His decision to transform the artillery park into a garden was fateful. It was later easy for the French to take the castle. The western battlements could scarcely be defended against attack. Before the French had to withdraw they gave the west flank a couple more cannonades for good measure, well knowing that from here, capable leadership could at any time establish a new resistance.

For that reason they mercilessly tore apart the western section of the courtyard. The old defense walls fell, the Library Wing and Ruprecht's Wing were given volley after volley. Even the Prison Tower, with the significant name "Seldom Empty" (Seltenleer), paid with half of its height and likewise became a silent accusation (see photo on p. 98). Only the Gate Tower foiled the French engineers. The charges were apparently improperly laid and fired. One sees today the tiny cracks on the tower where the powder charges were applied. The French did not touch the moat-walls – although at points these have caved in. Perhaps they were kept away from the moat by the stags which the Elector-Princes are said to have put there.

The western section of the castle was the most ravaged, and little was done later to improve its defenses. At the Gate Tower – a pure Renaissance construction – there is a thick iron ring at the left of the door. Legend has it that the entire castle shall belong to anyone who can bite through it. To date, no one has.

The castle courtyard is among the most beautiful attractions of Heidelberg (see photo on p. 95). Courtly culture presents itself here free and easy, but proud. It is clear to see how one construction followed another. All was executed with an extravagance, although much has since been lost through battle, fire, and theft, to say nothing of the wear of the elements. The Wellhouse to the right exhibits a fine gothic arch. Its columns are said to have been brought here from Ingelheim, on the Rhine. They are made of syenite, an unusual stone particularly favored in late antiquity.

Despite the heavy destruction referred to above, one feature of the Library Wing surprisingly survived the heavy cannonades – a lovely late gothic oriel. Ruprecht was the only prince of the castle to attain the German kingship. He was aided in this accession by Elector-Prince Johann of Mainz, who, at a Diet of Princes in 1400, managed to depose King Wenceslas – not unjustly called "the Lazy". The royal residence in Heidelberg is of a beautiful simplicity; Ruprecht's title obviously did not go to his head. But neither was his regency one of great historical events.

The visitor sees on the northern side of the courtyard a trio of Renaissance structures of a matter-of-factness seldom encountered. The center structure, the Hall of Mirrors Wing, has a colonnaded gallery of charming rusticity, with rounded arches maintained throughout (see photo on p. 94). Of the Venetian mirrors that once lined the interior, not a single one has survived – nor have any of the fine curtains and cloths that once astonished visitors. It must have been quite magnificent. Nevertheless, a new age has begun to dawn: vertical surfaces are pronounced, and one has the impression of openness to the world. One has to look closely to discern the elegant staircase turret that leads to the Ottheinrich Wing. The Bell Tower rises mightily in the rear, a bulwark of the castle long held to be impregnable. In the battles that raged about the castle, it lost a good deal of its height, but it still appears impressive from the castle terrace.

Elector-Prince Ottheinrich reigned for only a few years. He was a son of a Bavarian province held by the Wittelsbach family. Ottheinrich was frequently to be found in the Church of the Holy Ghost, amid the Palatine library, where with considerable difficulty (and perhaps not without assistance – he was corpulent) he climbed up to the shelves in the side aisles. He was well read, and it was he who introduced the Reformation into Heidelberg. Not only did he have an excellent knowledge of architecture, he was progressive and forward-looking. He stripped the interior of the castle of gothic arches. He may have secretly put an end to the Middle Ages in Heidelberg. He was also conversant with classical mythology, and he applied it liberally on the castle wing he had built for himself, lending it a light, allegorical appearance. The facade of the Ottheinrich Wing facing on the castle courtyard, with its great clarity of conception and contours, does not have its like in Germany. The architect is unknown. Was there one? Ottheinrich's instructions to skilled workmen might have sufficed. Upon completion of the structure, one can imagine him stepping back to admire its harmony and balance (see photo on p. 91). It is said to be similar to the Palazzo Roverello in Ferrara. But it must differ in at least one respect. For at the last minute, Ottheinrich changed his mind. It probably struck him that the entrance lacked requisite emphasis. The Dutch architect Colins redesigned the middle of the structure to right matters. The result was a total success. What it amounted to was a touch of the north applied to Italian Renaissance, including the double stairway (see photo on p. 94). Ottheinrich did not live to see the final completion of his beloved palace, particularly the roofing. But he was able to live in the first floor, impatient and ever concerned with the progress of construction. He was delighted that it had been possible to realize his conception. The Ottheinrich wing was another testimony to the new Zeitgeist, which would soon be everywhere evidenced, not least of all in literature. But at the same time it constitutes proof that it was possible to build in the pure form of allegorical, in the spirit of classic harmony.

The matching piece to Ottheinrich's Wing stands to the left of the Hall of Mirrors Wing – Friedrich's Wing (Elector-Prince Friedrich, 1592-1610). This edifice was restored and so is roofed, like the King's Hall to the left (the former Frauenzimmerbau, or Ladies' Quarters) and the fore-part of the Hall of Mirrors Wing, in which the Count of Graimberg would live (and from which he would be instrumental in saving the castle ruins from scavengers).

The visitor would do well to make a close comparison of the Ottheinrich Wing and that of Friedrich. The two princes and their architects clearly have both feet on the ground – the aura of the ethereal has completely disappeared. In Friedrich's Wing both vertical and horizontal are equally maintained, but worldly power is given its full due. A regular parade of princes is to be seen on the facade. At the apex stands Charlemagne, supposed founder of the dynasty. Elector-Prince Kasimir is probably represented true to life (see photo on p. 94). Through these statues on the facade, there is considerable depth of relief – it is unlikely that more could be obtained. In late Renaissance construction, the wordly again comes into its own – pomp, pride – and meanwhile Calvinism has been introduced into the land and determines the lives of the Elector-Prince's subjects. The gables of the palace show the degree of concentration of power in this new conception of architecture. Here is a final bubbling over of princely pride, which is unconcerned with the hard norms of the new faith. The princes still knew how to live well; the festive has not disappeared from the castle courtyard – on the contrary: with Friedrich's Wing it reached a new height (see photo on p. 94).

It is no wonder then that a vast stone terrace was constructed, which seems to jut out into the city. It was not only the scene of festivity; the castle terrace (Altan) gave the impression that, from here, the Elector-Prince could look into every lane of the city below, into every window. The city literally lay at his feet.

The Wine Cellars Construction is best seen from the terrace. Here there was a reversion to late gothic. Nor were there any qualms as regards religion. The strict Calvinist prince had a huge barrel placed in the cellars. Later, Elector-Prince Karl Theodor had an outright mania in this regard. He had the present "Grosse Fass" (Giant Barrel) brought into the subterranean chamber. It was specially commissioned from a cooper named Engler and has a capacity of 220 000 liters. Now, of course, it is empty, and one thinks of the lament of Mark Twain to this effect when he visited the castle cellars.

The castle terrace has retained its charm. A visit here is best made evenings. How mighty the illuminated

View from Ziegelhausen
of Heidelberg and the Rhine Plain

Heidelberg et la plaine du Rhin
vus de Ziegelhausen

ツィーゲルハウゼンより
ハイデルベルク及びライン平野をのぞむ

View of the city
from Philosophers' Way

Coup d'œil sur la ville
du chemin des Philosophes

哲学者の道より市街への眺め

22

Old City,
with Bergbahn
to the Königstuhl

Le funiculaire
montant au sommet
du Königstuhl

キューニングシュトウールへの
登山電車と旧市街

Morning mist
at the Old Bridge

Brume matinale
sur le Vieux Pont

古い橋付近の朝霞

24

Old Bridge
Le Vieux Pont
古い橋

ea of roofs in the Old City

oits du vieux quartier

市街の屋根並み

Krämergasse
and Steingasse (below)

Les ruelles Krämergasse
et Steingasse (en bas)

クレーマーガッセと
シュタインガッセ（下）

Above from left:
Untere Strasse
Stalls at the Church
of the Holy Ghost
Jesuit Church
Hauptstrasse (Haus zum Riesen –
House of the Giant)
Lower row from left:
Marstallstrasse
Hauptstrasse (Hotel zum Ritter)
Karlsplatz
Coat of arms in the Parsonage,
Merianstrasse
am Fischmarkt

En haut de g. à dr.:
La rue Untere Strasse
Boutiques à l'abri de
l'église du Saint-Esprit
L'église des Jésuites
Le palais Zum Riesen (du Géant)
dans la Hauptstrasse (Grand-rue)
En bas de g. à dr.:
La rue Marstallstrasse
L'hôtel Zum Ritter
(du Chevalier) dans la
Hauptstrasse
La place Karlsplatz
Armoiries au-dessus de
l'entrée du presbytère
dans la rue Merianstrasse
Aspect du Fischmarkt
(marché aux Poissons)

上段左より ：
ウンテレシュトラーセ
ハイリヒガイスト教会辺りの小商店
イエズス教会
ハウプトシュトラーセ（巨人の館 ）
下段左より ：
マールシュタルシュトラーセ
ハウプトシュトラーセ（ 騎士の家 ）
カールス広場
魚市場前のメリアンシュトラーセに建つ
牧師館の紋章

30   Bridge Towers

Les tours jumelles
du Vieux Pont

橋門の塔

Marstall tower,
Church of the Holy Ghost,
and Castle

Une tour du Marstall
(anciennes écuries princières),
l'église du Saint-Esprit
et le château

選帝侯のうまやの塔
ハイリヒガイスト教会と城

34

Castle (Bell Tower)
in autumn

Le château
(la tour de la Cloche)
en automne

秋の城 （ 鐘塔 ）

iew from the Molkenkur
to the interior
f the Castle

ue plongeante
ur le château
e la Molkenkur

ミルケンクーアから
城内をのぞむ

Old City
and Hauptstrasse
from the Scheffelterrace

Le vieux quartier
avec la Hauptstrasse,
vu de la terrasse
de Scheffel

シェッフエルテラッセから
眺めた旧市街と
ハウプトシュトラーセ

Pedestrian zone
(Hauptstrasse)

La Hauptstrasse,
aujourd'hui
zone piétonnière

歩行者天国
（ ハウプトシュトラーセ ）

37

38

Hotel Ritter (late Renaissance)

L'hôtel Zum Ritter,
témoin de la
Renaissance tardive

ホテル リッター
（ 後期ルネッサンス様式 ）

40

魅力的な旧市街の
スナップ :
上段左より
ハウプトシュトラーセ 1 3 0 番
ハウプトシュトラーセ 9 3 番
フイッシュマルクト 4 番

中段左より
コルン広場に建つ
マドンナ像 ''イマキュラータ''
アウグスティーナーガッセ 2 番
ネッカーシュターデン 6 4 番
ハスペルガッセ 1 2 番
ハウプトシュトラーセ 2 1 7 番
マルクト広場に立つ
ヘラクレスの噴水

下段左より
ハスペルガッセ
ミッテルパートガッセ 1 0 番
レイヤーガッセ 6 番

Observed in the Old City:

Above from the left
Hauptstrasse 130
Hauptstrasse 93
Fischmarkt 4

Middle row, from the left
Madonna "Immaculata"
on the Kornmarkt
Augustinergasse 2
Neckarstaden 64
Haspelgasse 12
Hauptstrasse 217
Hercules Fountain
on the Marktplatz

Bottom row, from the left
Haspelgasse
Mittelbadgasse 10
Leyergasse 6

41

Aspects caractéristiques
du vieux quartier:

En haut de g. à dr.
le 130, Hauptstrasse
le 93, Hauptstrasse
le 4, Fischmarkt

Au milieu, de g. à dr.
La Vierge immaculée
sur la place Kornmarkt
(marché au Blé)
le 2, Augustinergasse
le 64, Neckarstaden
le 12, Haspelgasse
le 217, Hauptstrasse
La fontaine d'Hercule
sur la place Marktplatz
(place du Marché)

En bas de g. à dr.
Dans la rue Haspelgasse
le 10, Mittelbadgasse
le 6, Leyergasse

Café am Marktplatz

Un café sur la place Marktplatz

マルクト広場のカフエ

Church of the Holy Ghost and the Rathaus,
seen from the Kornmarkt
L'église du Saint-Esprit et l'hôtel de ville
vus de la place Kornmarkt
コルン広場より眺めた
ハイリヒガイスト教会と市庁舎

44

Wednesdays and Saturdays:
market on the Marktplatz

Le mercredi et le samedi,
la place du Marché
retrouve sa vieille fonction

毎水曜日と土曜日 ：
マルクト広場にたつ市

Kurpfälzisches Museum:
Stairwell and Windsheimer
Twelve Apostles Altar
(Riemenschneider)

Au Musée Palatin:
l'escalier et le retable
des Douze-Apôtres de Windsheim,
œuvre de Riemenschneider

プフアルツ選帝侯美術館 ：
吹き抜け階段とヴィンツハイマーの
１２使徒祭壇
（ リーメンシュナイダー ）

46

47

From the Manesse Codex
(University Library)
and classical reliefs
in the Kurpfälzische Museum

Une illustration du manuscrit
dit de Manesse
(bibliothèque universitaire)
et ouvrages en stuc
classicistes (Musée Palatin)

マネッセの写本より（大学図書館）
プフアルツ選帝侯美術館にある
古典主義の化粧しっくい細工

Heidelberger Herbst
(Heidelberg Autumn, an annual festival)
Flea market on
Universitätsplatz
and folk theater
in front of the City Theater

Aspects de la fête populaire
annuelle «Automne de Heidelberg»
Marché aux puces
sur la place de l'Université
et improvisation en plein air
du théâtre municipal

ハイデルベルクの秋
大学広場ののみの市と
市立劇場前の民族劇

Jesuit Church: tower,
statue on the north facade
and interior

L'église des Jésuites:
le clocher,
statue de la façade nord
et l'intérieur

イエズス教会 ： 塔
北側フアサードに建つ像と
内部

50

Church of the Holy Ghost appears. The winding course of the Neckar is easily traced from here, many lamps marking its banks. The Rhine Plain seems to consist only of lights. If it is not too hazy, the city of Mannheim can be seen in the distance, slightly to the northwest. And below, life pulses in the streets and lanes of Heidelberg. Couples stroll along the balustrade of the terrace, sometimes disappearing into the oriel towers at the extreme ends . . .

On the eastern side of the castle courtyard is the Apothecary Museum, which is continually being expanded. This is seen to by Werner Luckenbach, whose life's work the museum has been. A visit is recommended. There are fascinating displays here of the instruments and materials of apothecaries of past centuries (see photo on p. 93), and a separate chamber contains an alchemist's laboratory. Nearby is the so-called Apothecary Tower, which in fact was a defensive tower, where powder and other war materials may have been stored. It is gutted, and is in ruins like so much of the castle fortifications. Its massive thickness can readily be seen. It constitutes an astonishing bulge on the cityward facade of the castle. Like the Bell Tower, it was once a fortified flank toward the east.

We return through the gate tower with its portcullis and pitchblend. The Torriesen (Gate Giants, dating from 1534 and 1536) are on the south wall (see photo on p. 92). On the south face of the tower are to be seen the stone mason's marks, once the proud signature of this trade. The bridge house is of later date, and so is in better condition. Until recently it was lived in. It never had much worth as a defense, despite its reinforced sides. It was left to itself when the drawbridge was raised. But for all its simplicity it is a successful construction, and it blends well with the rest of the architecture. It must have been particularly beloved by the Romantics.

We now enter the castle gardens. Karl Theodor's Well House (Brunnenhaus) can be seen below. Nearby is a rare stone formation, which continues to attract mineralogists. The castle garden was transformed into an English park, with broad surfaces, well tended. Visitors usually traverse it slowly because the east facade of the castle is continually within view, a mighty construction despite the destruction wreaked on it. Before it is the Krautturm (Herb Tower), also called the Gesprengter Turm (Blown-up Tower), which was half-destroyed by the French. The collapsed casemates impressed even Goethe, who was inspired to make a sketch of them, his only Heidelberg drawing.

The east facade of the castle is strictly a defensive wall, undecorated, cool and threatening, except for the lovely gothic oriel of the Ottheinrich Wing (see photo on p. 99).

The walls of the castle garden drop to a considerable depth. But even here there are arcades, which Marianne Willemer, the friend of Goethe wrote of:

On the terrace with its high-drawn arches
He came and went for a time;
The symbol drawn by his loving hand,
I could not find it, it was no longer to be seen.

From the castle terrace (also called Scheffel Terrace, not to be confused with the Altan) one can see far into the Rhine Plain – from here a better view to the south. Goethe espied the Speyer Cathedral from here, a feat never repeated . . .

The park is a fitting close to our stroll through the castle. Every visitor to Heidelberg must inevitably sense the power, but also the joy, inherent in the construction of the Elector-Princes. But no one who has missed the castle can say that he has seen Heidelberg in its full scope and significance.

What can be said of the castle applies also to life: changes cannot be eluded; they impress themselves ineluctably.

53

1. Gate to Castle Garden
2. Gun-park
3. Rondel
4. Fat Tower
5. North Wall and English Wing
6. View of Women's Quarters (Frauenzimmerbau), Library Wing, and Ruprecht's Wing
7. "Seldom Empty" (prison)
8. Elizabeth's Gate
9. Sattlery
10. Bridge House
11. Moat Bridge
12. Gate Tower
13. Curtain-wall between Gate Tower and Herb Tower
14. Herb Tower (Blown-up Tower)
15. Apothecary Tower
16. Bell Tower
17. Karl's Tower and Karl's Redoubt
18. Ruprecht's Wing
19. Library Wing
20. Women's Quarters
21. Barracks with Well House
22. Domestic Buildings
23. Ludwig's Wing
24. Ottheinrich's Wing
25. Hall of Mirrors Wing
26. Friedrich's Wing
27. Terrace
28. Wine Cellars
29. Armory
30. Castle Gardens (Hortus Palatinus)
31. Other structures:
     A. Gate House
     B. Upper Prince's Well
     C. Lower Prince's Well
     D. Castle Well
32. Way to Castle

1. Porte vers le jardin
2. Jardin (rempart ouest)
3. Rond-point
4. La grosse tour
5. Rempart nord et aile anglaise
6. Vue sur l'aile des dames de la bibliothèque et de Ruprecht
7. Cachot «rarement-vide»
8. Porte d'Elisabeth
9. Réserve de selleries
10. Maison du gardien du pont
11. Pont sur le fossé
12. Porte du pont
13. Mur d'enceinte entre la tour de la porte et tour minée (Krautturm)
14. Tour minée (Krautturm)
15. Musée de la pharmacie
16. Tour de la cloche
17. Tour et redoute de Charles
18. Aile de Ruprecht
19. Aile de la bibliothèque
20. Aile des dames
21. Aile militaire avec salle à la fontaine
22. Aile de l'économe
23. Aile de Louis
24. Aile d'Othon-Henri
25. Aile de la salle des glaces
26. Aile de Frédéric
27. Terrasse
28. Aile au tonneau
29. Arsenal
30. Jardin du château
31. Constructions et fontaines dans le jardin
     A. Maison de garde de la porte
     B. Fontaine princière supérieure
     C. Fontaine princière inférieure
     D. Fontaine du château
32. Chemin d'accès

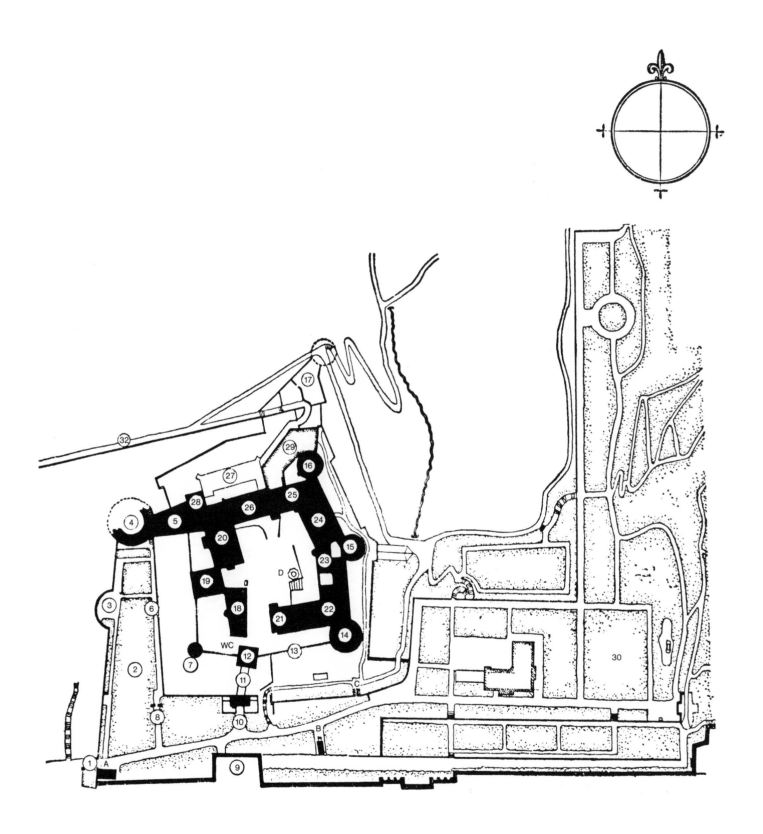

55

Promenade à travers la ville

La visiteur qui revient à Heidelberg après une longue absence cherche généralement tout d'abord les changements dans la ville, et il est surpris. Comment est-ce possible? Heidelberg a été épargné dans sa majeure partie lors de dernière guerre mondiale. Parce que les américains aiment particulièrement cette ville, a été l'explication admise par tous. De fait, seuls les ponts et la gare de marchandises ont été détruits tout à la fin, dans les derniers jours de guerre. Certes, les troupes en se retirant ont fait sauté les parties centrales des ponts, à la suite d'une pression massive d'hommes politiques d'arrière-plan. Même le célèbre «Vieux Pont» (Alte Brücke), qui n'était absolument pas approprié au passage des troupes et véhicules, subit le même sort. Malgré tout, les dommages furent vite réparés et la ville retrouva bientôt son visage habituel.

Le visiteur sera surpris par un autre changement, bien que l'aspect de la ville n'ait pas été sérieusement modifié pendant longtemps. Nous ne pensons pas à l'extension de Heidelberg vers l'ouest et le sud, dans la plaine, ces cités modernes indispensables à la vie de la population: celles-ci n'ont rien changé au caractère de la vieille ville, et en sont trop éloignées. Non, nous pensons au site, la ville pressée au bas des pentes escarpées et au bord du Neckar, au traffic routier croissant sans cesse, débouchant de la vallée étroite du Neckar pour se répandre ensuite dans la plaine du Rhin.

Beaucoup d'habilité a été nécessaire pour devenir maître de ce flot de véhicules, et les solutions adoptées ont bien souvent fait preuve de beaucoup de sagesse. Les emplacements vides que découvre soudain le visiteur ne sont que momentanés.

Le grand nombre de passants et piétons qui flânent dans la rue principale (Hauptstrasse), mais aussi dans les autres rues, peut étonner, parfois même déplaire (voir p. 37). Cela était différent, autrefois. En fait, les villes universitaires ont toujours été caractérisées par leur vitalité, leur activité s'étendant à de nombreux domaines, mais aussi par leur joie de vivre. Et il y a maintenant beaucoup d'étudiants à Heidelberg, au moins quatre fois plus qu'autrefois.

Les nouvelles constructions s'étendent vers la plaine du Rhin. Comme ailleurs, les travailleurs émigrés se sont ajoutés à la population, et notre ville compte maintenant plus de 120 000 habitants. Certes, la rue principale est méconnaissable, depuis qu'elle est devenue piétonniaire, mais sans aucun doute en bien: il ne faut plus se réfugier sur les côtés lorsque le tramway approche, se faufiler entre les voitures et se méfier des cyclistes, enfin un certain calme est revenu pour redonner un charme oublié à une promenade au cœur de la ville. Grand nombre de magasins s'ouvrent à la rue, présentant le jour leurs étalages à ciel ouvert. Et le soir, l'on peut souvent entendre de la musique, les chants ne sont pas toujours mélodieux et parfaits – mais nos étudiants apprendront cela aussi, et beaucoup cessent de chanter à l'approche des examens. De notre passé estudiantin, nous avons conservé les anciennes tavernes, petites et rustiques.

Qui veut chercher le Heidelberg du souvenir, peut le trouver dans les rues en pente, de chaque côté du Neckar; ou bien le long même du fleuve. La flotte fluviale a sans doute augmenté, et le drapeau hollandais flotte souvent sur les bâteaux à l'ancre au Marstall. Les remous au «Diable Déchiquetant» (Hackteufel) sont toujours aussi traîtres, les canotiers insouciants sont mis en garde par de nombreux panneaux, comme autrefois les nageurs. Une promenade le long du Neckar devrait malheureusement être réservée au soir ou à la nuit, lorsque l'engorgement des heures de pointe a été résorbé. Mais alors, Heidelberg retrouve son air ancien et son visage authentique, une ville qui vit et se modifie, sans qu'une maison parfois ajoutée et parfois retirée puisse faire disparaître son charme propre.

L'ancienne «Herrenmühle» (faisant suite à la Neckarmünzplatz) n'avait en fait pas grand charme et le nouveau complexe qui l'a remplacée, lorsque la patine du temps l'aura touché, semblera avoir toujours existé, avec ses façades décalées et ses toits aux mêmes proportions que ceux des anciennes maisons (illustration p. 74). Et bien souvent, un ancien bâtiment, lorsqu'il disparaît, révèle un trésor caché. Et à ceux-ci vont tous les soins des administrateurs de la ville.

Comme depuis bien longtemps, chaque visiteur monte au Chemin des Philosophes, y retrouve la vue si connue sur le vieil Heidelberg, les toits pentus et serrés sur la colline du château, l'église du Saint-Esprit, la place du Marché avec la fontaine d'Hercule et la mairie sont toujours là, points de repère, d'orientation. Si l'on avance assez loin sur le chemin des Philosophes, le regard peut remonter le Steingasse (illustr. p. 27) débouchant sur l'église du Saint-Esprit. La Steingasse élit encore maintenant, selon l'ancienne coutume, son propre maire.

Que le Vieux Pont est resté une fière construction! Les légères erreurs dans son alignement général lui donnent, à cette distance, un charme tout particulier. Les amandiers, les cerisiers fleurissent toujours au Chemin des Philosophes, là aussi seuls les promeneurs viennent flâner, le bruit de la civilisation et des moteurs s'arrête, perçu seulement de loin sur le flanc de cette colline. Et si le début de la promenade fait parfois soupirer, bien vite le chemin cesse de monter, s'aplanit et s'adoucit.

Hölderlin le poète a trouvé tout naturellement une place ici. Ses poèmes restent les plus beaux parmi tous ceux écrits sur Heidelberg, et leur signification n'est pas perdue pour nous. Le «Schlangenpfad» (sentier du serpent) permet de redescendre tout près du Vieux Pont. Mais avant, regardez encore une fois le Marstall, les tours du pont, le château et son imposante façade, ses jardins, enfin Heidelberg dans toute son étendue. Un rayon de soleil, surtout au printemps, fait naître toute une richesse de contrastes dans les ruelles tortueuses (illustr. p. 20). Et parfois, une fumée danse en face de vous, s'accroche à la colline, elle vient des tunnels ferroviaires qui traversent le Königstuhl. Depuis le jour où les Italiens permirent de les réaliser, des tomates poussent à Heidelberg, nos voisins venus du Sud les ayant plantées sur les collines aux sorties des tunnels.

Du château de la Molkenkur, ou encore plus haut, du sommet du Königstuhl, Heidelberg se présente exactement à l'opposé du Chemin des Philosophes. D'ici, le château est au premier plan. Comme la Tour de la Cloche (Glockenturm) est imposante! L'aile à la Salle des Glaces et l'aile Othon-Henri sont juxtaposées, chacune documentant son époque. L'étroite Tour à l'escalier de l'aile Othon-Henri est facilement discernable de cette hauteur, alors qu'elle est sinon cachée par l'ombre de l'importante Tour de la Cloche. Même la cheminée des anciennes cuisines se dessine sur le mur, nous nous étonnons qu'elle ait resisté à la canonnade des Français. La Tour de la Porte qui s'appuie sur le côté gauche de l'aile militaire n'est visible qu'à moitié. Par contre, de cette hauteur, la maison du gardien du pont n'est guère visible, peut-être comme ombre vague en hiver.

La ville apparaît de cet endroit plus regroupée, mais l'on s'étonne de la taille et la quantité des différentes places. La fleuve donne l'impression d'être plus étroit; par contre, l'Odenwald qui bute contre Heidelberg s'ouvre en un large éventail devant vos yeux, avec les vignobles d'où vient le «Heidelberger Sonnenseite» (côté ensoleillé d'Heidelberg). Le funiculaire ne s'arrête pas seulement au château, mais aussi à la Molkenkur. Le terminus est bien sûr le Königstuhl (illustr. p. 18), où bien souvent descendent les enfants avec leurs parents pour aller se dépenser au «Paradis des Enfants». Pour d'autres, dont la fatigue est souvent visible, le funiculaire est le seul moyen de locomotion pour quitter leur sanatorium du Königstuhl-Kohlhof et aller en ville. Sans oublier, au sommet du Königstuhl, l'observatoire astronomique qui doit sa renommée au Professeur Wolf.

Contempler le château illuminé, les jours de feu d'artifice, depuis le Königstuhl a un charme particulier que même beaucoup habitants d'Heidelberg ne connaissent pas. Le château et les ponts semblent bouillonner, les fusées lancent leurs éclats directement sur le château et la ville, sans éblouir le spectateur. Le bruit est moindre sur le Königstuhl, les bâteaux sur le Neckar, dont beaucoup portent des lampions colorés, facilement discernables. Et l'on s'étonne de la clarté avec laquelle on peut entendre les chants des promeneurs en bas, dans la ville.

La majorité des spectateurs lors des grandes illuminations du château se trouve cependant sur la pelouse bordant le Neckar et sur le Chemin des Philosophes. A chaque fois, des milliers de personnes contemplent ce spectacle (illustr. p. 52). De là, le château semble proche, et parfois des étincelles du feu d'artifice retombent dans la foule. La soirée se termine souvent avec beaucoup de gaieté – ou quelques bousculades plus ou moins amicales.

Non, Heidelberg a peu changé. Une rue s'est élargie, des parkings souterrains s'ouvrent sur une place; toutes les races du monde se rencontrent ici, certains promeneurs sont parfois d'aspect inquiétant. Ils parcourent paisiblement la ville, comme vous, mais il vaut mieux ne pas conclure un marché avec eux. Même s'ils habitent ici, ils sont restés des étrangers aux réactions bien différentes des nôtres.

Sur la Place du Marché, la nuit, l'Hôtel Ritter retient votre regard. La Madone «Immaculata» sur le Marché au Grain (Kornmarkt) n'a rien perdu de sa beauté lointaine. Le château éclairé et les hauts remparts soutenant la terrasse démontrent aujourd'hui encore la puissance de ses anciens habitants. Il semble à un jet de pierre du Marché au Grain, et pourtant le domine de haut.

Les villes universitaires sont très actives et jeunes, tel que par exemple Strasbourg. «A l'esprit vivant» porte la Nouvelle Université comme inscription, à l'instar de Gundolf (illustr. p. 63). Pallas Athénée a été pour lui et d'autres une figure symbolique de proue. Et il n'y a eu aucune protestation lorsque les bâtiments modernes de cette nouvelle université ont été construits en face de leurs prédécesseurs baroques. Les nouveaux amphithéâtres ont facilité la vie estudiantine, des mécènes américains ont contribué à cette importante construction. La science a besoin d'espace, elle est maintenant logée au Neuenheimer Feld, presque à l'extérieur de la ville. La construction de la Chirurgie Clinique et, tout près, de l'Institut Max Planck, ont été

un événement auquel les habitants de Heidelberg eux-mêmes ont dû tout d'abord s'habituer.

La partie baroque de Heidelberg, que l'on oublie parfois, a profité de ces changements. La restauration des monuments de cette époque s'est faite tout naturellement, comme pour l'église des Jésuites. Cependant, la population a eu un grand mot à dire lors de l'étude des projets de restauration, la discussion s'arrêtait parfois à un arbre, à une pierre, pour durer des heures avant qu'une solution soit choisie. Ainsi, nous avons conservé les ruelles sinueuses et les escaliers les plus abrupts de la ville se trouvent toujours dans la Dreikönigstrasse, cauchemar des médecins agés devant y faire leurs visites. Certaines modifications ont été inévitables, mais maintenant encore les boutiques accolées à l'Eglise du Saint-Esprit sont chauffées au charbon et la fumée s'échappe directement dans la rue.

Sans doute peu d'autres villes ont autant de restaurants italiens. Ceux-ci nous ont non seulement aidé à construire les tunnels et les cités résidentielles plus récentes, mais encore influencé l'offre de légumes et fruits sur nos marché, et aussi refait le pavage de notre rue principale. Leur travail manuel est apprécié, et leurs cafés offrant les glaces à l'italienne ont bonne réputation. A Heidelberg, la discussion pour savoir s'il faut ou non reconstruire la maison du Prince Charles au Marché au Grain n'est pas encore tarie. Elle a dû disparaître pour des raisons pratiques, et, quand bien même ce fut la résidence des barons de Eichendorff, elle ne fut jamais une belle demeure. Et pour l'instant, cette espace vide offre une vue du château que l'on ne retrouvera sans doute plus jamais.

Notre «Petite Amérique» est implantée devant Heidelberg, dans la plaine. Les soldats américains ne se font guère remarquer, et leur discrétion est peut-être aussi une nouveauté à Heidelberg.

De nouvelles décisions devront être prises, par exemple pour dégager la Karlstor, prise dans le flot des voitures venant de Neckargemünd, ainsi que le bord du Neckar. Nous n'osons espérer que le problème de l'essence suffira à résoudre les difficultés et notre ville devra continuer à trouver des compromis avec ses automobilistes.

Cependant, il est peu concevable que le caractère de la vieille ville ne soit jamais changé. Dieu merci, le château est inattaquable, l'histoire s'y est arrêtée et nous parlera encore longtemps des Princes Electeurs. Et quel bonheur qu'il y ait encore tant de place dans la partie baroque de la ville! Les Jésuites ont eu les idées larges, même si cela ne fut pas toujours heureux pour l'Université.

Heidelberg vous demande votre temps, flânez et laissez les anciennes impressions renaître et se superposer au présent. Le château, de la Karlstor, est toujours aussi près qu'autrefois et autour de l'Eglise du Saint-Esprit, des petits groupes s'attardent, se font et se défont. Et dans les anciennes tavernes dans lesquelles d'ailleurs les repas sont souvent excellents, des étudiants s'acharnent comme depuis cent ans et plus sur le piano, pour se gagner un déjeuner ou un dîner, ou peut-être les deux.

Dans la rue, vos pas résonnent dans la nuit et vous vous sentez égaré dans les ruelles sombres. Un petit attroupement vous retient un instant, et votre jeunesse vous revient peut-être à l'esprit à la vue des portes cochères et des dédales sombres des maisons, si propices à un baiser volé.

Dans son centre, Heidelberg n'a jamais cessé d'être une cité, et même le théâtre «Stadthalle» est demeuré, bien qu'il soit en «Art Déco»; il a été restauré depuis peu, surtout à l'intérieur, et cette restauration trouve une approbation quasi-unanime.

L'industrie a été depuis toujours maintenue aux environs de la ville, elle n'y a jamais pénétré. Les péniches, les bâteaux de passeurs et de plaisance animent le fleuve et ses quais. Mais le visiteur devrait sans doute aussi aller au «Neuenheimer Feld», le nouveau campus de l'université. La Chirurgie Clinique et l'Institut Max Planck ont été construits en premier, et ce dernier a hébergé le plus grand nombre de prix Nobel de la ville. Les nouveaux bâtiments, d'architecture très récente, sont gais et fonctionnels; en hiver, ou la nuit, toutes les lumières allumées montrent l'activité intense de nos savants (illustr. p. 69). Le monde de la science reparlera certainement encore souvent des travaux qui s'effectuent dans ces centres de la recherche.

Dans le quartier de Handschuhsheim, St. Vitus (illustr. p. 87) tient une place bien à part. Ce quartier avec son église de village a été rattaché très tard à la ville, et les habitants de Handschuhsheim ont leur fierté, leur propres fêtes; ils sont plus petits de taille, les cheveux plus sombres. Le nom est plus ancien que celui de Heidelberg et déjà au temps des Mérovingiens, des fermes y étaient construites. Handschuhsheim était une petite ville à l'époque carolingienne et la Basilique Saint-Michel sur la colline «Heiligenberg», qui était le lieu de résidence favori de l'empereur Konrad I, fut agrandie de deux nouvelles absides et cryptes.

Le nom de St. Vitus à Handschuhsheim se trouve déjà dans les annales du VIIIe siècle. La tour et la sacristie ont certaines caractéristiques du début du roman, les périodes suivantes de construction s'y sont rajoutées; en fait, il est difficile de trouver un plus grand mélange de styles dans la région. St. Vitus est également riche en pierres tombales; elles rappellent la famille noble locale qui trouva sa fin dans des querelles guerrières avec les nobles de Hirschhorn. Elle a donné à Handschuhsheim son château fort, le Tiefburg (illustr. p. 87), centre de la localité. Aujourd'hui encore, les voitures doivent le contourner comme un immense sens giratoire, il est le point de rencontre des habitants lors de la fête annuelle. Et ceux-ci considèrent que les autres habitants de Heidelberg sont loin d'avoir un passé historique aussi riche et ancien que le leur, et qu'ils peuvent même leur en apprendre pour la culture des fruits et légumes.

La visite de l'ancienne capitale des Princes Electeurs demande que l'on s'arrête un instant, les vieux murs expriment la continuité du temps, parlent de leur passé, mais leur langage est léger, audible seulement pour celui qui sait écouter de l'intérieur. Mais alors, Heidelberg donne au visiteur paisible une intense satisfaction.

Les Comtes Palatins près du Rhin n'ont sans doute guère tenu compte des beautés du paysage lorsqu'ils décidèrent de s'installer sur le Jettenbühl au-dessus de la petite ville de Heidelberg. Pour eux, la situation géographique était particulièrement avantageuse: le Neckar forme une défense naturelle vers le nord, les attaques venant de l'est et l'ouest pouvaient facilement être repoussées dans la vallée, et un fossé profond et une autre place forte sur la colline du Gaisberg les protégeaient du côté de la montagne.

Leur puissance augmentant, ils agrandissent leur résidence, et les premières décorations de style gothique apparaissent dans le Relief à l'Ange lors du règne de Ruprecht. Le château fort devient de plus en plus une résidence princière, démontrant la force des Princes Electeurs.

Et la ville qu'il domine participe au développement de son importance – malheureusement en subit aussi les conséquences, en 1689 et 1693 elle est presque entièrement détruite par les troupes françaises qui l'ont assiégée. Les remparts et les portes protègent la ville vers l'extérieur, le long du Neckar est en grande partie bordé par le Marstall, ancien arsenal.

Deux tours flanquant le pont en protègent l'accès. Plusieurs cloîtres se trouvaient dans ses murs, les illustrations romantiques montrent encore le Cloître des Carmélites. Les bâtiments de l'Université occupent très tôt une surface importante dans la ville. Le village, ce petit domaine que les Comtes Palatins ont reçu en 1225 de l'Episcopat de Worms, a rapidement grandi, est devenu une ville, un Oppidum Palatinum.

Le Prince Electeur Ruprecht n'a certainement pas pressenti les fortes conséquences pour la ville et ses environs, lorsqu'en 1386 il fonda l'Université. Son intention était – comme pour le rois de Bohème et pour les Habsbourgeois – de rehausser la renommée de sa famille et en même temps de s'assurer d'une plus grande influence sur l'église, comme cela avait été le cas en France. Ses rapports étroits avec l'ancien royaume et sa loyauté à l'égard des papes romains qui avaient de grandes difficultés avec Avignon ont sans doute été les

raisons supplémentaires qui firent que les Princes Electeurs furent grandement récompensés par Rome. L'Université de Heidelberg reçu très tôt les mêmes droits que celle au renom déjà ancien de Paris. Les problèmes de croyance qui furent la conséquence du schisme incitèrent de nombreux maîtres et écoliers à venir à Heidelberg. Mais aussi plus tard, l'affluence vers l'université fut toujours grande. Sa renommée comme centre des Réformés dépasse les limites des pays allemands. Le Catéchisme de Heidelberg devient un document mondial. D'ailleurs, les Princes Electeurs ont tenu leur rôle dans la propagation de la Réformation, au-delà des frontières de leur région, et ont obligés les Habsbourgeois à faire preuve de modération dans les questions religieuses.

Aucune des nombreuses guerres, ni celle de Trente Ans, ni la guerre de succession des Orléans ni les nombreux incendies qui parfois n'épargnèrent pas le château n'ont pu faire disparaître l'influence des Princes sur le caractère et le développement de la ville et de ses environs. Les remparts et de nombreuses portes de la ville ont disparu depuis longtemps, seule la Karlstor, la Porte de Charles Théodore auprès du Neckar, est encore debout à l'entrée est de la ville. Des habitations du Moyen-Age reste seul l'Hôtel «Zum Ritter» (au Chevalier), la seule église gothique est celle du Saint-Esprit et à Handschuhsheim St. Vitus.

Les façades du château s'élèvent toujours fièrement, surplombant la vallée, même si les toits ont disparu et si les fenêtres noircies par la fumée laissent apercevoir le ciel. La magnificence de la riche décoration des murs extérieurs recouvrent des parois épaisses de plusieurs mètres, construites dans un but défensif, et que même l'art guerrier des Français réussit seulement à percer, mais non à abattre. Le murs de soubassement qui entourent le château et ont jusqu'à 25 m de profondeur revèlent l'audace et le savoir technique des constructeurs.

Ici a été écrite une partie de l'histoire du Saint Empire Romain Germanique. Certains empereurs allemands ne reçurent leur couronne que grâce au vote des Prin-

60

Student fraternity houses
in Karlstrasse

Maisons de corporations d'étudiar
dans la rue Karlstrasse

カールシュトラーセの
学生組合建物

University Library

la bibliothèque
universitaire

大学図書館

New University
La Nouvelle Université

新大学校舎

Academy
of the Sciences
am Karlsplatz

l'Académie
des Sciences
(Karlsplatz)

カール広場にある
アカデミー・デア・
ヴィッセンシャフテン

63

Old University
with Lion Fountain

La Vieille Université
avec la fontaine
du Lion

獅子の噴水を前にした
旧大学校舎

Sociological Institute in
Grabengasse

l'institut de sociologie
dans la rue Grabengasse

グラーベンガッセの
社会学研究所

Student Prison

Le cachot historique
de l'université

歴史的学生牢

Student inn
in the Old City

Bistrots du vieux quartier

旧市街の学生生活と
学生酒場

Bunsen monument in front of the
old Institute of Anatomy

Le monument de Bunsen
devant l'ancien institut
d'anatomie

旧解剖学研究所前に建つ
ブンゼンの記念像

69

The suburb of Neuenheim,
with the Neuenheimerfeld
in the background-
site of new clinic buildings
and institutes of the University

Le faubourg de Neuenheim
avec le nouveau campus
de l'université

ノイエンハイマー広野を擁するノイエンハイム
新大学の病院、研究所の発祥地

City on the river:
the pleasures of sailing, fishing and rowing

Ville au bord de l'eau:
les amateurs de la voile, de la pêche
et de la rame y trouvent
leur compte

川沿いの町 ： ヨット、釣
さらにボートの愛好者は
余暇を満喫できます

Festive banners
on Theodor Heuss Bridge

Le pont Théodor-Heuss
pavoisé un jour de fête

お祭気分に旗で飾られた
テオドア・ホイス橋

Heidelberg is a center
for rowing, hockey and rugby

Certains sports comme
l'aviron, le hockey
et le rugby sont particulièrement
favorisés à Heidelberg

ハイデルベルクはボート、ホッケー
そしてラグビーと各種スポーツの
中心地

New apartment complex
Altherrenmühle

La nouvelle cité
Altherrenmühle

アルトヘレンミューレの新建築

Marstall, today
part of the University

Le Marstall,
aujourd'hui partie
de l'université

今日大学の一部となっている選帝侯う

Locks on the Neckar,
near Karlstor
Ecluse près
de la porte Karlstor
カールス門付近のネッカーの水門

ces qui devaient leur influence au fait qu'ils exerçaient la régence lorsqu'il n'y avait pas d'empereur règnant. Aucune puissance n'a pu chasser les Princes de leur château de façon durable, ni les rois français ni les empereurs allemands, ni même les armes. Leur déplacement vers Mannheim était dû à des raisons personnelles; ils désiraient une résidence telle qu'il était impossible de la construire à Heidelberg et de plus ils étaient en discorde avec le Magistrat de la ville au sujet de l'Eglise du Saint-Esprit.

Les princes n'avaient à craindre que des ennemis d'importance, aucun petit seigneur ne les aurait attaqués ou entraînés dans une guerre de clocher. Quiconque les attaquait risquait de s'attirer l'hostilité de la moitié du Royaume. Seul Frédéric V perdit cette position, car, étant roi de Bohème, il avait dépassé le statut d'un Prince Electeur. Ses successeurs n'ont jamais pu retrouver la puissance initiale, et ont dû cèder l'administration du royaume à la Bavière.

Il est rare que les remous de l'histoire marque aussi clairement un château. Ses différents bâtiments sont construits à des hauteurs différentes, devant la ligne droite des murs de soutènement se glisse obliquement la fortification de Charles. Des murs lisses altèrnent avec les surfaces ornées de la Renaissance, les arcades baroques avec les lignes sévères du gothique tardif. Les princes ont toujours laissé ce qui existait, refermaient les brèches causées par le temps ou les guerres avec une construction à leur goût ou rajoutaient simplement du nouveau à l'ancien, comme le bâtiment du grand tonneau. A l'encontre d'un château fort, chaque aile est témoin de son temps, s'intégrant dans l'ensemble du château (illustr. p. 32).

Le général Mélac a incendié la vieille ville, mais n'a pu lui faire perdre son caractère. Les habitants qui furent les témoins effrayés d'Heidelberg en feu, réfugiés dans l'église du Saint-Esprit, aimaient trop leur ville telle qu'ils l'avaient connue pour désirer une quelconque modification. Il reconstruisirent sur les fondations de nouvelles maisons, qui, avec la patine du temps, redonnèrent à Heidelberg son visage du passé. Les ruel-

les retrouvèrent leur tracé. Quelques maisons patriciennes baroques vinrent s'ajouter et le Vieux Pont que nous connaissons fut bâti par Charles Théodore. Et celui-ci pouvait, tout comme son ancêtre Louis le Pieux du Palatinat, observer d'une fenêtre du château le labyrinthe des toits et des ruelles. Les limites de la ville avaient été repoussées de la Grabengasse vers l'ouest jusqu'à la Porte de Mannheim, qui se trouvait sur l'actuelle Place de Bismarck.

Lors de son séjour à Heidelberg, Goethe visite presque tous les jours le château et ses jardins. Il n'y cherche pas seulememt la rencontre avec le passé, mais aussi le présent. Les poètes, les musiciens et les peintres romantiques se retrouvent à Heidelberg. Ils y trouvent ce qu'ils désiraient: un sol historique au centre d'un paysage plein d'attraits, les ruines d'un grand passé et l'esprit imprégné de tradition d'une université séculaire.

La rive droite du Neckar était alors pratiquement inhabitée car on ne pouvait l'atteindre que par le Vieux Pont ou un passeur et la ville se pressait autour de la colline du château. Victor Hugo décrit le Neckar comme un intermédiaire entre fleuve et torrent, les gravures et les tableaux montrent de forts courants autour de nombreux groupes de rochers qui s'avancent sur une grande largeur du fleuve, et de nombreuses îles de toutes tailles. Neuenheim n'est qu'un hâmeau, le Neckar coule librement vers la plaine et les collines du Königstuhl, du Gaisberg et du Heiligenberg sont recouvertes de forêts jusque dans la vallée. Plus encore qu'aujourd'hui, la réalité et l'enchantement se superposent, lorsque les clochers des églises percent lentement le brouillard ou que le crépuscule fond les lignes des collines, des maisons et du fleuve.

Un paysage propre à une sentimentalité pensive qui gagna bien vite le cœur des romantiques. Le passé est saisissable dans la ville ancienne dominée par un château, certaines nuits ont une douceur presque méridionale, de nombreux motifs s'offrent au peintre. Mais il y a une grande différence dans l'état d'esprit. Goethe ressentait la fatalité du destin et parlait des «semi-ruines sérieuses» du château. Eichendorff le voyait tout différemment; le jeune baron ne s'intéressait guère à l'action destructive du temps lorsque, après sa première visite, il inscrivit dans son journal intime «. . . vieille tour, dont une moitié est arrachée et effondrée, en sorte que l'on voit toutes les salles. Merveilleux, splendide».

Les romantiques ont donné à Heidelberg sa renommée internationale. Les premiers tomes du «Des Knaben Wunderhorn» de Brentano et d'Arnim y ont été édités, le Freischütz de Weber commencé ici, Carl Philipp Fohr, Ernst Fries, Georg Philipp Schmitt ou Carl Rottmann ont peint ici leurs paysages délicats. Robert Schumann choisit définitivement la voie de la musique à Heidelberg et même les artistes de la fin du romantisme comme Brahms, Hebbel ou le chanteur bien connu à Heidelberg Victor v. Scheffel ont trouvé à Heidelberg et dans ses environs une partie de leur inspiration artistique.

Le remaniement de l'université par Charles Frédéric de Bade en l'an 1803 lui apporta un renouveau. De nombreux noms s'inscrivent dans les annales de l'histoire des grands esprits allemands: von Creuzer, Gervinus, Daub, Voss, Hufeland et Thibaut, Helmholtz, Bunsen, Kuno Fischer, ainsi que Max Weber, Gundolf, Krehl, Alfred Weber, Karl Jaspers, K. Matthes et K. H. Bauer à notre siècle. Chacun d'entre eux a donné à l'université, et aussi à la ville un renom qui aujourd'hui encore attire chaque année des milliers d'étudiants.

De nombreux intellectuels ont travaillé et ajouté au renom de l'université, sans en avoir fait directement partie. Les Frères Boisserée rassemblent une collection à la Karlsplatz, qui ranima l'intérêt de Goethe pour l'art moyennâgeux. Malheureusement, ces illustrations se sont perdues ensuite dans les nombreuses salles de la Pinacothèque de Munich. Grâce à sa fortune, le Comte Charles de Graimberg a pu sauver le château du pillage par des amateurs d'art plus ou moins sincères. Sa collection de tableaux représente aujourd'hui l'essentiel du Musée «Kurpfälzisches Museum». Sans pouvoir citer tous les noms, notons encore Richard Benz, l'historien les plus connu de la civilisation de Hei-

delberg, auteur d'un livre excessivement bien écrit sur notre ville.

«De Heidelberg, je ne puis rien encore te raconter, sinon que les amandiers fleurissent.» Hebbel a sans doute écrit cette phrase après une promenade au Chemin des philosophes. Mais il a omis bien des choses, par exemple le panorama qui s'offre au lieu-dit «Pierre de Liselotte» (Liselottenstein).

Il n'y a sans doute guère de vues qui soit aussi belle que le Neckar vu de cet emplacement. Vers l'ouest, le fleuve se perd en méandres dans la plaine du Rhin; la ville, mais aussi ses anciennes enceintes se dessinent nettement, les toits se pressent de plus en plus serrés en se rapprochant de la colline du Château, interrompus seulement par les places et les églises. Vers l'est, le cours du Neckar est visible jusqu'a la boucle de Ziegelhausen, dans le lointain les longs murs de grès et l'église du couvent de Neuburg. Ce panorama était vraiment l'emplacement tout désigné pour ériger une stèle rappelant la comtesse palatine qui aimait tant sa patrie et fut la belle-sœur malheureuse du Roi Soleil en France.

Les autres ponts et les barrages, ainsi que les péniches et remorqueurs appartiennent depuis longtemps à l'image de notre ville. Notre siècle y a rajouté les éclats de soleil renvoyés par les chromes des voitures et souvent l'observateur ne remarque tout étonné qu'après un long moment qu'il regardait sans le voir le toit d'un building moderne. A l'ouest, les cités nouvelles émergent le matin du brouillard en même temps que les clochers de St. Boniface et de l'église du Christ. Et cette image a également son charme, elle est celle de Heidelberg à ce moment précis de son histoire.

Qui a peu de temps devrait au moins suivre le Chemin des Philosophes jusqu'à la descente sur la Hirschgasse. Ce Chemin est connu comme l'un des plus beaux du sud de l'Allemagne, il a été chanté par Hölderlin et Eichendorff. Sa continuation dans la vallée est également très belle, à travers les bois tranquilles, où des clairières ouvrent ici et là une nouvelle perspective sur le Neckar. Sur la hauteur «Am Guckkasten», où se trouvait autrefois une tour de garde, la vue va étonnement loin, jusqu'aux domaines du couvent Neuburg.

Le printemps à Heidelberg? Des milliers de personnes viennent de la Bergstrasse – cette chaîne ininterrompue de villes au pied de l'Odenwald jusqu'à Darmstadt – pour la fête des fleurs, pour flâner dans la ville, sur le Chemin des Philosophes, monter à la Heiligenberg ou à sa tour, ou pour admirer les versants en fleur autour de Handschuhsheim et Ziegelhausen. D'autres remontent le Neckar sur des vedettes. L'air est doux et léger, incite à la joie de vivre, à tomber amoureux, peut-être du paysage, ou de la ville, ou tout simplement amoureux, comme Eichendorff le devint de la jolie jeune fille de Rohrbach. Notre printemps est presque méridonial, rempli de promesses, pour les artistes une source d'inspiration.

Le retour du printemps est fêté solennellement dans Heidelberg. Les enfants chantent «Schtri, schtra, schtroh» lors de la «fête du Jour d'été» avec son cortège qui défile dans les rue le dimanche du Laetare et portent souvent déjà des vêtements légers, alors que le froid et le gel règnent encore sur les autres régions de l'Allemagne. Des figures symboliques en paille et en branches de sapin vert représentent les saisons. Lorsqu'à la fin les enfants dévorent leur Bretzel, le printemps a vraiment commencé pour les habitants de Heidelberg.

Ceux-ci vont alors se promener dans le grand parc de rhododendrons sous le blockhaus qui se trouve sur le chemin du Königstuhl ou dans le chemin «Schlosswolfsbrunnenweg» qui, après le Hausackerweg, est bordé de magnolias, d'azalées, de rhododendrons et d'autres plantes pour nous exotiques. Sur les promenades le long du Neckar et sur les places, les maronniers d'Inde se couvrent de boutons de fleurs rosés, qui, soudain, comme d'un commun accord, s'ouvrent tous simultanément dans la même nuit.

Le Heidelberg d'aujourd'hui reçoit le visiteur par de larges allées. De nombreuses autoroutes venant de toutes les directions, de larges avenues jusqu'au centre de la ville. La nouvelle gare est spacieuse et de nombreux petits jardins ont fait de la «Kurfürsten-Anlage» un endroit attrayant.

Seule la vieille ville est restée étroite, et cela nous oblige à la parcourir à pied. Cela est bien ainsi, car son charme particulier réside dans l'atmosphère créée par les siècles de son passé, dans les détails soignés de nombreuses constructions, dans ses contrastes. Goethe écrivit: «Heidelberg wiederzusehen muß ganz wunderbar sein, nur daran zu denken bringt mich in einen ganz eigenen Zustand» («Revoir Heidelberg doit être vraiment merveilleux, cette pensée seule déjà me remet dans un état d'esprit tout particulier»).

Suivons le chemin parcouru par le poète, et bien d'autres après lui: de la rive droite du Neckar, passer le Vieux Pont en direction de la Vieille Ville. Quelques mètres avant l'entrée nord du pont se trouve la statue baroque de St. Nepomucène, qui date de l'époque du Prince Electeur Charles Philippe. Le «Pons palatinus» de Charles Théodore est porté par des piles massives qui, nous citons Goethe, «sont nécessaires à la solidité du pont». Aussi étonnant que cela puisse paraître, elles sont les supports indispensables à la beauté de ce pont, car elles seules permettent la hauteur des arches, la courbure de son dos. Et c'est sans doute grâce à cette courbure que, plus l'on s'éloigne du pont, plus il semble mince et léger (illustr. p. 23). L'audace de la construction et son intégration dans le paysage ont profondément impressionné Goethe, qui a vu le pont quelques années après sa construction. Lui qui avait beaucoup voyagé et contemplé certainement bien d'autres ponts préférait le regarder depuis l'ouest: «D'ici, le pont a une beauté comme peut-être peu d'autres ponts dans le monde».

Ceci est indéniable: vu de l'ouest, il est l'élément dominant du paysage. Il apparaît, détaché sur la plaine qui s'étend derrière lui. Vu de l'est, il s'intègre plus dans l'image de la ville et de ses environs dont il occupe l'arrière-plan. Sa ligne est rejointe par celles des collines, à l'horizon derrière le pont se profile l'Odenwald et les différents plans s'ordonnent dans une perspective groupée autour de lui.

Devant le parapet ouest se trouve la statue de Pallas Athénée, qui est devenue le symbole de la Nouvelle Université, et celle du maître d'œuvre du pont, Le Prince Electeur Charles Théodore.

La plus belle entrée dans la Vieille Ville sont le tours du pont avec leurs coupoles baroques. Les soldats princiers n'y gardaient pas seulement la porte de la ville, dans ses cachots se trouvaient généralement des vagabonds, des mauvais payeurs et autres de cette engeance.

Au début de la Steingasse se trouve le restaurant célèbre «Zum Goldenen Hecht» (au brochet d'or), l'«auberge» de Brentano, qui a également vu Goethe et la réception de Jean Paul dans une association d'étudiants. La Steingasse conduit directement à la plus grand église de la ville, celle du Saint-Esprit. La haute cathédrale gothique (début de la construction vers 1400) fut le centre non seulement de la vie religieuse, mais également universitaire.

Dans les galeries supérieures des nefs latérales, qui sont plus larges que la nef centrale, selon les règles architecturales de l'époque, se trouvait la célèbre Bibliotheca palatina. Elle fut pillée en 1622 par le général Tilly qui en fit cadeau au pape. Pendant près de 300 ans, les Princes Electeurs furent enterrés dans cette église. Malheureusement, seule la plaque tombale du roi Ruprecht et de son épouse Elisabeth de Hohenzollern ont échappé à la rage destructrice des soldats français.

De façon fort peu nordique, de nombreuses petites boutiques et ateliers se pressent entre les contreforts de l'église. Elles sont presque aussi anciennes que l'église: au XVe siècle déjà une partie fut vendue par le couvent à la ville. Pour les étudiants, les boutiques de bouquinistes sont souvent une source importante de trouvailles en littérature scientifique. Mais l'on trouve parfois aussi la première édition d'un classique allemand.

Entre l'église du Saint-Esprit et la Mairie se trouve la place du Marché. Ici se trouvait autrefois un pilori tournant, appelé «Triller» et la population qui ne lui épargnait pas ses quolibets pouvait également faire tournoyer le condamné une fois vers la droite ou la gauche.

Les autres places de la ville n'ont été élargies que plus tard. Sur la Karlsplatz se trouvait un cloître de franciscains, sur la place actuelle de l'Université un cloître d'Augustins. Celui-ci hébergeait les premiers Magisters et étudiants du Studium generale, le nouvel établissement d'études supérieures et a vu une discussion savante conduite par Martin Luther. Sur le chemin vers la Karlstor se trouvent des deux côtés plusieurs résidences nobles. Au sud de la place se trouve le Palais de Wrede, maintenant académie des Sciences (illustr. p. 63), au nord l'ancienne Sickinger Hof, où était conservée au temps de Goethe la collection des frères Boisserée.

Plus loin vers l'est, même l'automobiliste moderne doit respecter l'histoire: le bel escalier double de la maison Buhl'sche Haus (maintenant centre de réunion universitaire) dépasse largement dans la rue principale. La bâtiment profane le plus important de la ville est l'hôtel «Zum Ritter» en face de l'église du Saint-Esprit. (illustr. p. 38). Cette maison de la fin de la Renaissance allemande a certainement été conservée grâce à son ancien propriétaire, le huguenot Charles Bélier aux nombreuses relations, de même que le Wormser Hof (aujourd'hui Harmonie) n'est demeuré qu'à la suite des demandes instantes du Capucins auprès des Français.

Le Heidelberg baroque se trouve dans le «quartier des Jésuites». Les constructions réalisées par cet ordre correspondent à leur forme d'esprit et sont de lignes sobres, seule la façade de l'église des Jésuites est plus animée, Fr. Raballiati lui ayant donné une certaine note plus méridionale (illustr. p. 50). Le quartier s'étend jusqu'à la rue du Séminaire et le Seminarium Carolinum; mais il faut rappeler que le siège de l'ordre se trouvait autrefois dans la grande maison baroque à côté de la porte Klingentor. A l'ouest, le bâtiment de l'ancienne université (Domus Wilhelmiana) présente un baroque plus délié; il a été construit sur les fondations du Collegium Dionysianum ou Casimirianum autrefois réputé. C'est là que se trouve le cachot que les étudiants aimaient tant à décorer lors de leur détention (illustr. p. 64). Ici aussi, le présent et le passé sont proches: derrière le long bâtiment de la nouvelle université se trouve dans une cour la tour des sorcières (Hexenturm) qui est l'une de rares parties de la fortification gothique qui nous soit restées.

En se dirigeant vers la Place de Bismarck, il faut remarquer le Wormser Hof, le Venningen'sche Stadthof, maintenant «Zum Riesen» (au géant), en face de l'Anatomie, et surtout le Palais Morass qui abrite le Musée palatin. Ici, le visiteur peut admirer les très belles salles du Palais et les collections, dont la pièce la plus connue est le retable des Douze-Apôtres de Windsheim œuvre de Tilman Riemenschneider (illustr. p. 46). Pour finir la visite, vous pouvez aller goûter un de nos vins dans la jolie cour intérieure avec ses jardins.

Notre vieille ville mérite que l'on s'arrête devant de nombreux détails: ici et là des Madones dans une niche (illustr. p. 40), des décorations baroques ou classiques sur les façades, les armoiries de nombreuses familles nobles, des cours intérieures pittoresques et nombre de grilles en fer forgé. Parfois cachées se trouvent des pierres commémorant notre histoire ou des plaques rappelant des noms illustres qui, mis côte à côte, représentent une grande partie de notre passé culturel.

Friedrich Ebert est né dans la Pfaffengasse, et Karl Gottlieb Nadler dans la Augustinergasse, un personnage typique de Heidelberg qui possèdait la même fièrté que celle qu'ont aujourd'hui encore les habitants du quartier entre la Porte de Charles (Karlstor) et la Schiffgasse.

Le palais gênois de l'architecte Rischer (1711, plus tard maison d'armes de l'université) dans la Untere Strasse, qui est moins connue, a la même sévérité que les Palazzos des ruelles de Gêne. Et aujourd'hui, seuls les vêtements différent, la silhouette est la même qu'au Moyen-Age lorsqu'un fêtard longe la Untere Strasse en chantant.

Et toujours, baigné dans une lumière orangée, le château domine ces scènes d'hier et d'aujourd'hui, que l'on soit au Kornmarkt ou à la Karlsplatz.

Une visite au château devrait se faire de bon matin; le chemin le plus court est le «Kurze Buckel» (la courte bosse) qui monte à travers des rochers. A gauche se trouve la muraille ouest du château que les Français n'ont pas réussi à détruire, alors qu'ils ont fait basculer dans le vide la moitié de la «grosse tour». L'entrée principale a du être en partie reconstruite et était autrefois beaucoup plus représentative. La petite porte à gauche conduit sur le vide, dans les temps difficiles, les serviteurs du château pouvait y rentrer avec la complicité des gardiens.

A gauche se trouve l'ancien jardin où se trouvaient autrefois de canons de tous calibres, une protection efficace contre l'aile ouest sinon mal protégée. Frédéric V, le «Roi d'un hiver» en a fait ensuite un jardin d'agrément pour l'amour de sa femme, Elisabeth d'Angleterre. Il fit construire, la légende dit en 24 heures, un portail en son honneur. Effectivement, certains détails indiquent une construction hâtive (illustr. p. 97).

Ce prince fit également construire le célèbre Hortus Palatinus, autrefois loué comme huitième merveille du monde. Une partie des jardins en terrasse, la partie est existe encore, mais les arbres exotiques ont disparu. Frédéric V a été perdu par son rêve de grandeur, il perdit non seulement la Bohême, mais aussi son titre d'Electeur, à la fin de sa vie il erra à travers le Palatinat et la Rhénanie, un malade abandonné, perdu, que personne ne reconnaissait et qui n'eut même pas de funérailles convenables. Mais ses successeurs reprirent possession du château et de la ville; dans l'histoire, un homme peut être vaincu, il est plus difficile de venir à bout d'une famille princière.

Non seulement les jardins de Frédéric V ont disparu, mais également son propre palais, l'aile anglaise, autrefois apogée de la Haute Renaissance à Heidelberg et bâtiment le plus élevé du château, a été rendue «transparente» par les Français. Aucun châssis de fenêtre n'est resté en place. Ici aussi, la construction hâtive se fait remarquer, comme pour la Porte d'Elisabeth. La façade côté ville n'est pas d'une composition homogène, la partie inférieure montre une certaine sévérité anglaise, alors que de l'autre côté, les parties les plus basses ont conservé une influence gothique. Le Prince fier a agi trop rapidement durant toute sa vie, aussi lorsqu'il se décida pour le pays lointain et guerrier de la Bohème.

Cela malheureusement eu des résonnances tragiques pour Heidelberg. Cela fut facile au Français de prendre le château, autrefois si puissant. Le côté ouest n'était alors pratiquement plus protégé. Avant qu'ils ne durent se retirer, les Français ont détruits de nombreuses défenses, sachant qu'un nouveau noyau de résistance pourrait éventuellement se reformer, si un chef assez puissant se trouvait.

La cour du château est éventrée, les remparts tombent, l'aile de la bibliothèque et celle de Ruprecht sont détruites, même la tour de la prison avec son nom bien significatif «rarement vide» perd la moitié de sa hauteur (illustr. p. 98). Les artificiers français ont capitulé seulement devant la tour de la porte. Il semble que les charges de détonnant n'aient pas été bien placées, car on voit aujourd'hui encore les petites fentes dans la paroi, là où la poudre avait été déposée. Les Français n'ont pas touché aux fossés, dans lesquels s'est effondrée une partie des murailles. Peut-être ont-ils respecté les cerfs qui y avaient été mis en liberté par le Prince.

La partie ouest du château est la plus détruite et aucun effort n'a vraiment été entrepris par la suite pour retrouver l'ancienne qualité défensive. A la tour de la Porte en pur style de la Renaissance se trouve encore à gauche de la porte un épais anneau de fer. La légende dit que le château appartiendra à celui qui le coupera de ses dents. Jusqu'à présent, personne n'y est arrivé.

La cour intérieur du château est très belle (illustr. p. 95) riche en diverses constructions, même si beaucoup ont été perdues par les guerres, les incendies, le vol et le climat. La maison de la fontaîne à droite a de fines arcades gothiques, les colonnes ont, dit-on, été apportées de Ingelheim (sur le Rhin), la pierre (Syénite) est inhabituelle, elle était beaucoup utilisée à la fin de l'Antiquité.

Nous avons déjà parlé de la terrible destruction de la partie ouest, l'aile de Ruprecht et de la Bibliothèque. Curieusement, l'encorbellement du gothique tardif de l'aile de la bibliothèque a résisté aux canonnades. Ruprecht est le seul Prince de ce château qui a été roi de l'empire romain germanique. Il a été aidé en cela par le Prince Electeur Jean de Mayence qui fit détrôner un jour de réunion des Princes en 1400 le roi Wenzel, qui était surnommé «le Fénéant», non sans raison. La résidence royale à Heidelberg est l'aile la plus simple du château, son titre n'est pas monté à la tête de Ruprecht et d'ailleurs son règne a été dénué de grands événements.

Vers le nord, une triade de la Renaissance se présente dans un ensemble que l'on trouve rarement ailleurs. L'aile centrale, l'aile à la salle des Glaces, a une galerie à colonnade légèrement teintée de rustique, aux arches romanes (illustr. p. 94). Des glaces vénitiennes qui en garnissaient le mur intérieur il n'est pas resté une seule, pas plus que les fines étoffes et les nombreuses draperies qui la garnissaient et provoquaient l'étonnement et l'admiration des contemporains. L'architecture dénote déjà un changement, les lignes verticales s'accentuent. Il faut prêter attention pour découvrir la mince tour à escalier qui conduit à l'aile d'Othon-Henri. La tour de la Cloche se dresse juste derrière, imposante, considérée longtemps comme imprenable et qui n'a perdu que quelques étages lors de la prise du château.

Othon-Henri n'a eu que quelques années de règne. Il venait d'une province bavaroise. Il se tenait souvent dans l'église du Saint-Esprit, où se trouvait la Bibliotheca palatina et son embonpoint le gêna certainement bien des fois pour se déplacer dans la «nef latérale des livres». Il ne s'y connaissait pas seulement en architecture, son mode de pensée était excessivement moderne. Il avait beaucoup lu et a fait les premiers pas en direction de la réformation; il également supprimé définitivement les arcs gothiques dans la construction intérieure. Il a sans doute imperceptiblement mis fin au Moyen Age à Heidelberg. Il connaissait bien la mythologie antique et s'en est servi largement dans la construction de son aile du château. Les lignes en sont nettes et la conception de l'ensemble est unique en Allemagne. L'architecte n'est pas connu, mais a-t-il jamais existé? Il est possible que le prince l'ai réalisée seul avec l'aide de bons ouvriers, car son propre caractère se retrouve dans la conception. Il refuse la tradition sans aucune hésitation, avec une facilité étonnante, qui permet d'équilibrer les lignes horizontales et verticales. La construction est gaie, sereine (illustr. p. 91). On l'a souvent comparée au Palazzo Roverello à Ferrara, mais la similitude n'est pas parfaite. Sans doute Othon-Henri a-t-il remarqué au dernier moment que l'entrée était trop simple par rapport au bâtiment. Il a demandé au Hollandais Collins de refaçonner le centre en le soulignant. L'entrée est maintenant splendide, mais elle prend un peu trop de la hauteur. Sans le vouloir, Collins a introduit une note nordique dans la Renaissance italienne, aussi avec le double escalier (illustr. p. 94). Othon-Henri n'a pas vu la fin de la construction à laquelle il tenait tant. L'aile n'était pas encore recouverte, mais il a pu habiter au premier étage, heureux de voir l'ouvrage avancer et impatient de le voir fini avant sa mort. Cette aile est témoin du nouvel esprit de l'époque que l'on remarquera également bientôt dans la littérature. Elle est également une preuve que l'on peut bâtir en Allemagne dans la forme pure de la conception antique, allégorique et symétrique.

Son pendant se trouve à gauche de la Salle des Glaces: l'aile de Frédéric (Prince Frédéric 1592–1610). Elle a été restaurée, et possède donc encore un toit, comme la salle royale à gauche (autrefois aile des dames) et le bâtiment derrière la Galerie des Glaces, dans lequel a habité plus tard le Comte v. Graimberg.

Il est intéressant de regarder alternativement les ailes Othon-Henri et Frédéric. Pour cette dernière, le prince et ses architectes ont choisi un style plus pesant, le caractère ethéré a entièrement disparu. Les lignes verticales et horizontales sont encore équilibrées, mais la façade sert à une représentation de puissance. C'est une parade de princes et l'on ne craint pas de mettre à

sa tête Charlemagne comme leur ancêtre. Le Prince Electeur Casimir est sans doute représenté de façon réaliste (illustr. p. 94). La façade sur la cour intérieure a beaucoup de profondeur, il est presque impossible d'avoir davantage de plans superposés. Dans la construction de la Renaissance tardive, le pouvoir temporel imprime un style magnifique, riche, fastueux, alors que dans les campagnes, la sévérité calviniste a déjà influencé la vie de la population. Les pignons des palais montrent l'influence très forte du nouveau style de construction. Cependant, les règles architecturales de la Renaissance sont encore respectées; les princes montrent encore une fois leur fiêrté, ne se préoccupent pas de la dureté de la nouvelle religion, ils veulent représenter et s'entendent à bien vivre. La solennité n'a pas disparu de la cour intérieure du château, elle est au contraire à son apogée dans l'aile de Frédéric (illustr. p. 94).

Il n'est pas étonnant qu'une grande terrasse qui semble surplomber la ville ait été construite. Elle était non seulement un emplacement pour de joyeuses fêtes, mais elle montre aussi que le Prince peut, de son château, observer chaque ruelle, chaque maison de la ville.

L'aile au tonneau du Prince Electeur Casimir est bien visible de cette terrasse. L'aile est en grand partie en style de la Renaissance tardive. Pour cette aile, on est retourné principalement au style de la fin de la Renaissance, les exemples fort réussis existant déjà n'ont pas le moins du monde gêné le prince. L'adepte strict des Réformés fit rentrer un gros tonneau et cela devint une manie de ses successeurs de faire construire des tonneaux toujours plus gros. Celui que l'on voit actuellement a été fait par le tonnelier Engler sur la commande de Charles Théodore. Il contient 220 000 litres!

La terrasse n'a pas perdu son charme, surtout le soir. De nombreuses lampes et lampions marquent les rives du Neckar, l'église du Saint-Esprit est illuminée. La plaine du Rhin est remplie de lumières, un regroupement plus compact devant l'horizon indique Mannheim, au nord-ouest. Le jeu de l'ombre et des lumières dans la ville à vos pieds, les silhouettes des passants en humeur de fête, les nombreuses fenêtres aux formes anciennes qui se détachent ne peuvent laisser indifférent et vous vous laissez prendre par l'atmosphère de Heidelberg.

La collection du Musée de la pharmacie dans la partie est est continuellement agrandie. La visite est fort intéressante, les anciennes officines contenaient de nombreux ustensiles, parfois étonnants (illustr. p. 93). La tour appelée «des pharmaciens» à côté était tout simplement une tour de défense qui abritait peut-être aussi la poudre et autres objets de guerre. Elle a brûlé et elle est maintenant une ruine, comme toutes les autres fortifications. Son diamètre était imposant et, comme la Tour de la Cloche, elle avançait sur la ligne des remparts.

Nous repassons la Tour de la porte avec sa herse et ses mâchicoulis, les Géants de la porte se trouvent sur la paroi sud (1534 et 1536) (illustr. p. 92). Qui n'a jamais encore jamais vu les signes d'un tailleur de pierre peut les observer sur la partie sud de la tour. La maison du gardien du pont a été construite plus tard et est donc bien conservée. Il n'y a pas très longtemps, elle était encore habitée. Elle n'a jamais eu de fonction défensive bien qu'elle soit renforcée latéralement. Elle était abandonnée à son sort lorsque le pont était relevé. Malgré sa simplicité, elle s'intègre bien dans l'ensemble et plaisait certainement beaucoup aux romantiques.

Le chemin nous conduit maintenant dans les jardins du château, en bas se trouve la maison à la fontaine de Charles Théodore. Tout près se trouve une stratification curieuse qui attirent souvent les minéralogistes. Le jardin du château est devenu un jardin anglais aux larges étendues de gazon. Du jardin, on peut observer la partie est du château, qui a également subi des destructions, et la Tour dite minée (autrefois Krautturm), détruite à moitié par les Français. Même les casemattes effondrées ont impressionné Goethe, qui en fit l'objet de son seul dessin de Heidelberg.

La partie est du château est de caractère uniquement militaire, sans décoration, froid et menaçant, le joli encorbellement gothique de l'aile Othon-Henri mis à part (illustr. p. 99).

Vers l'ouest, les murs du jardin sont très hauts. Mais ici aussi, l'on n'a pas renoncé à des arcades, dont Marianne Willemer parle dans un poème:
Auf der Terrasse hochgewölbtem Bogen
War eine Zeit sein Kommen und sein Gehn;
Die Chiffre, von der lieben Hand gezogen,
Ich fand sie nicht, sie ist nicht mehr zu sehn!
(Sur la haute arcade de la terrasse
il allait et venait, il fut un temps;
le signe de reconnaissance tracé par la chère main,
je ne le vis plus, il avait disparu.)

En s'avançant sur la terrasse du château (appelée autrefois terrasse de Scheffel), la vue plonge encore plus loin dans la plaine du Rhin, surtout vers le sud. Mais Goethe est le seul a avoir jamais pu apercevoir la silhouette de la cathédrale de Spire, aucun après lui n'y réussit jamais.

Notre visite du château se termine doucement dans ces jardins. Et chacun conserve en lui l'impression de puissance communiquée par le château, mais aussi le plaisir éprouvé par les Princes Electeurs à construire une demeure représentative.

Et notre château est comme notre ville, et tous deux sont comme la vie, réunissant le présent et le passé dans un mouvement ininterrompu qui jamais ne disparaît sans laisser de traces.

85

The Neckar near Schlierbach
Le Neckar près du faubourg de Schlierbach
シュリーアバッハのネッカー

chael's Basilica
the Heiligenberg

nes du monastère
Saint-Michel
sommet du Heiligenberg

リゲンベルクのミヒャエル・バジリカ

Handschuhsheim:
St. Vitus Church and Tiefburg

Dans le faubourg
de Handschuhsheim:
l'église Vituskirche
et l'ancien
château fort Tiefburg

ハントシューハイム ：
聖ヴイトス教会とティーフブルク

Ehrenfriedhof
Memorial Cemetery (above)
Thingstätte on the Heiligenberg

Le cimetière d'honneur
(en haut)
L'amphithéâtre Thingstätte
sur le Heiligenberg

戦歿者の墓地（上）
ハイリゲンベルクの民衆集会所

iew from the Königstuhl
nto the Odenwald

es sommets de l'Odenwald
us du Königstuhl

ューニングシュトゥールより
ーデンの森をのぞむ

89

Next two pages:
View of Scheffel Terrace,
Karl's Redoubt and Bell Tower

Ottheinrich's Wing, inner facade
facing the Castle courtyard
with allegorical statues

Pages suivantes:
A mi-hauteur au-dessus
de la ville, la terrasse
de Scheffel,
la redoute de Charles
et la tour de la Cloche

La façade de l'aile
Othon-Henri, côté cour

次の２頁：
シエッフエルテラッセよりの眺め
カールシャンツエと鐘塔
オットーハインリヒ館、象徴的立像で
飾られたフアサード

Gate Giants
on Gate Tower

Les deux géants
gardant l'accès
à la cour
du château

城門の門の巨人

Portal in
Ottheinrich's Wing

Portail dans l'aile
Othon-Henri

オットーハインリヒ館の
車寄せ

92

Hall beneath the
Altan in front of
Friedrich's Wing

Les voûtes sous
la grande terrasse
devant l'aile
Frédéric

フリードリッヒ館前
アルタン下のホール

Imperial eagle on
Ruprecht's Wing

L'aigle impérial
de la façade
de l'aile
Rupert

ルプレヒト館の
獅子の紋章

93

Apothecary Museum
(in Ottheinrich's Wing)

Le musée de la pharmacie
dans l'aile Othon-Henri

薬事博物館
（ オットーハインリヒ館内 ）

Renaissance group:
Entrance portal of Ottheinrich's Wing
Hall of Mirrors Wing (left)
Façade of Friedrich's Wing (below)
Detail of Friedrich's Wing
(Elector-Prince Casimir)

Triade de la Renaissance:
Entrée de l'aile Othon-Henri
L'aile à la salle des Glaces (à g.)
La façade de l'aile Frédéric (en bas)
Un détail de cette façade
(l'électeur Casimir)

ルネッサンス様式 3 種 ：
オットーハインリヒ館の正面入口
鏡の間館 （ 左 ）
フリードリヒ館フアサード （ 下 ）
フリードリヒ館のデイテイール
（ 選帝侯 カシミール ）

View into the Castle courtyard
with Bell Tower
and 2 staircase towers

Angle de la cour
du château

鐘塔と 2 つの階段塔を
包む城の中庭への眺め

the castle grounds
ans les jardins du château
公園内

Elizabeth's Gate
Bridge House

La porte d'Elisabeth
La maison du gardien du pont

エリザベート門
ブリュッケンハウス

97

Fat Tower with statues
of Ludwig V and Friedrich V

La Grosse Tour
avec les statues de
Louis V et de Frédéric V

フリードリヒ 5 世とエリザベートの
立像がある太い塔

Remains of the west facade
with prison tower
"Seldom Empty"

Ce qui reste
de la façade ouest;
à dr., le cachot appelé
«Seltenleer» (Rarement-vide)

'' いつもふさがっている '' 牢塔と
残りの西側フアサード

East façade of Castle

La façade est du château

城の東側面

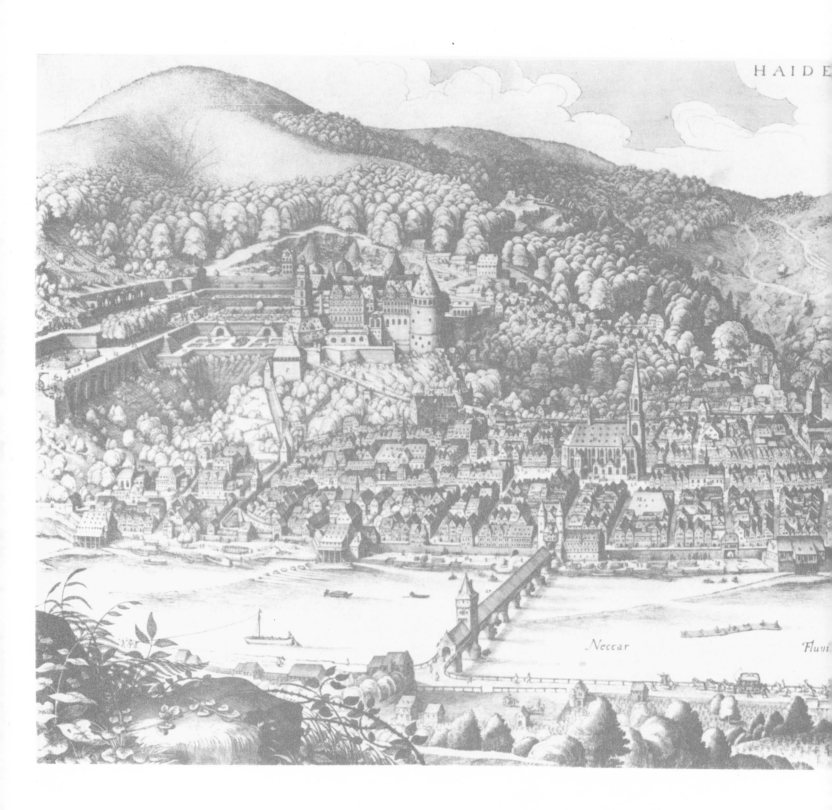

Neccar   *Fluvi*